Cómo Acumular Dinero Rápidamente y Sin Trabajar

Reflexiones sobre el dinero y la ética en un mundo en transformación

M. M. López

Este libro está dedicado a las mujeres que construyen y mantienen la cohesión familiar y social, nos dan a luz, nos alimentan, cuidan y protegen, y cuya belleza llena este mundo de esplendor

Agradecimientos

El autor desea agradecer a su padre por enseñarle, mediante una vida ejemplar, lo que significa la ética, a su madre por todo el cariño que le ha brindado, a Laura por ser su compañera ideal, a The University of British Columbia por darle la oportunidad de ver el mundo, y a J. L. Borges, que sin haberlo conocido, le inculcó el placer de la literatura.

Índice general

Prólogo

Querido lector, este libro ha sido escrito para usted. Hablando con colegas, familiares y amigos, percibí una rara combinación de inquietud y curiosidad merodeando por el subconsciente de mis interlocutores. Noté que, invariablemente, pláticas alrededor de las vicisitudes de la vida diaria desembocaban en comentarios acerca de la riqueza recién adquirida de algún conocido o desconocido. Después de dos o tres preguntas quedaba claro que la duda era siempre la misma: ¿Cómo volverse rico, rápidamente y sin trabajar? Motivado por esta observación, decidí embarcarme en un proyecto simple pero de gran relevancia: La búsqueda de una respuesta satisfactoria a la pregunta anterior. Una visita a la librería local me convenció de que había un vacío en la literatura. Ni las redes sociales, ni la casi infinita colección electrónica de artículos, blogs, comentarios, o escritos misceláneos disponibles en la red dieron respuestas satisfactorias.

El libro que está leyendo es el resultado de mis investigaciones. Es una obra honesta, que difiere de forma fundamental de otros libros disponibles en el mercado.

Es un libro completo, que no supone ningún conocimiento por parte del lector y cuyo objetivo es dar una respuesta *definitiva*. Al finalizar el libro, *no necesitará* adquirir otros libros escritos por el autor. Para hacer un contraste, consideremos al renombrado autor Napoleon Hill. Una lista exhaustiva de sus obras, o las de sus seguidores, ocuparía mucho espacio. En efecto, buscando a Hill en una popular librería virtual, encontramos una lista que ocupa más de cien páginas con libros escritos, o motivados, por dicho autor. Entre sus obras más vendidas encontramos [1]

- Piense y Hágase Rico.

- Piense y Hágase Rico: Edición Diamante: Obra Original, Revisada y Actualizada para los Triunfadores de Hoy.

- Piense y Hágase Rico en el Siglo XXI.

- Tarjetas de Prosperidad de Piense y Hágase Rico.

- La Colección Completa de Piense y Hágase Rico.

- ¡Hágase Rico! Con Paz en la Mente.

- Su Derecho a Ser Rico.

- Un Año Haciéndose Rico con Napoleon Hill: 52 Pasos.

---

[1] Algunas obras están disponibles únicamente en inglés, los títulos presentados son una traducción libre del autor.

- ¡Su Poder Mágico para Ser Rico!
- La Llave Maestra para la Riqueza.
- La Biblia de la Prosperidad.
- Las Leyes del Éxito.
- Las Llaves del Éxito de Napoleon Hill: Los 17 Principios de la Realización Personal.
- La Ley del Éxito: En 16 Lecciones.
- Las Leyes Originales del Éxito de Napoleon Hill.
- La Ciencia del Éxito: El Programa Certero de Napoleon Hill para la Prosperidad y la Felicidad.
- La Ciencia de los Logros Personales: Siga los Pasos de los Gigantes del Éxito.
- Usted Puede Hacer sus Propios Milagros.
- Napoleon Hill: Hágalo Ahora.
- La Escalera Mágica al Éxito.
- El Camino a la Riqueza.

De acuerdo con Wikipedia [2], se han vendido más de 70 millones de ejemplares de "Piense y Hágase Rico". No se sabe cuántos de los lectores del libro pensaron. Tampoco se sabe cuántos se volvieron ricos (material o espiritualmente).

A usted, mi estimado lector, le prometo que *no* necesi-

---

[2] https://en.wikipedia.org/wiki/List_of_best-selling_books

tará, *no* deseará y *no* encontrará obras mías tituladas *Cómo Acumular Dinero Más Rápido y Sin Trabajar*, *Cómo Seguir Acumulando Dinero Rápidamente y Sin Trabajar*, *Cómo Acumular Dinero Rápidamente y Sin Trabajar: En 17 Lecciones*, o *Desee y Acumule Dinero Rápidamente y Sin Trabajar*.

Un allegado me dijo,

>»Sabes, el primo del amigo de un tío de la cuñada de mi esposa vendió su casa, invirtió el dinero en un negocio de marketing directo, y en tres semanas duplicó su inversión. Ahora me está invitando a invertir en su negocio el dinero que tengo ahorrado para la universidad de mis hijos, y la verdad estoy muy agradecido con él. Si quieres participar, eres bienvenido. Y si me ayudas a conseguir más inversionistas pues más grande será tu tajada de las utilidades.«

Este libro está dirigido a aquellos que han escuchado o participado en una conversación similar, a quienes se preguntan cómo es posible acumular dinero rápidamente y sin trabajar, y a todos los que están interesados en la naturaleza humana.

Resumen para el Lector Impaciente

Lector impaciente, esta corta sección es para usted. Si tiene curiosidad y quiere comprender el contenido del libro, pero no tiene paciencia para leer hasta el final, he aquí un breve resumen:

Sí, definitivamente es posible acumular dinero rápidamente y sin trabajar.

La evidencia anecdótica (lea el diario de hoy) sugiere que muchos de los individuos que logran acumular dinero, lo hacen rápidamente y sin trabajar. En los capítulos siguientes exploraremos cómo se logra acumular dinero rápido y sin trabajar, y discutiremos en detalle algunos de los mecanismos que han sido exitosamente utilizados para este fin. Si tiene mucha prisa, salte directamente al epílogo.

Instrucciones para el Lector Paciente

Lector paciente, comenzaremos describiendo lo que *no* es este libro. N. Taleb, autor del *Black Swan* y *Antifragile*[3] relata cómo a veces somos incapaces de (o simplemente evitamos) describir exactamente algo, pero en cambio podemos decir lo que ese algo no es. Este mecanismo de descripción negativa o indirecta se denomina en latín *via negativa*. Según Taleb, las mayores y más robustas contribuciones al conocimiento consisten en remover lo que está equivocado. Como un ejemplo elemental, consideremos el caso de aconsejar a un amigo en dificultades financieras. Siguiendo la via negativa le diríamos *no te metas con criminales*. Y de manera contraria, Taleb argumenta que los charlatanes se distinguen porque únicamente dan consejos positivos, como por ejemplo *17 Pasos para – (volverse rico, bajar de peso, hacer amigos, etc., usted escoge)*. Lector, en este libro no encontrará un manual con pa-

---

[3]The Black Swan: The Impact of the Highly Improbable, N. N. Taleb, Random House 2007. Antifragile, N. N. Taleb, Random House 2014.

sos para volverse rico (Napoleon Hill ya ha escrito 77 versiones de un tal manual), ni cuáles son las 10 oraciones de la Biblia que rezan los millonarios, y aún menos una súplica para que consigne dinero en mi cuenta bancaria a cambio de 17 pasos para volverse rico. Tampoco encontrará como crear riqueza rápidamente y sin trabajar. El autor confiesa que sus esfuerzos por descubrir cómo crear riqueza, rápidamente, y sin trabajar, fueron infructuosos.

Esta obra consiste en 14 capítulos independientes, donde se describen diversos mecanismos que han sido utilizados a través de la historia, y con gran éxito, para acumular dinero rápidamente y sin trabajar. Los capítulos se pueden leer en orden arbitrario, con excepción del capítulo 14 y el epílogo, que deben ser leídos de último. El capítulo 14 termina con unos renglones en blanco, donde los lectores con entusiasmo desbordado podrán describir su propio método para acumular dinero rápidamente y sin trabajar.

1 El Empresario de Cornhill

Cornhill[1] es uno de los barrios (en inglés *ward*) de Londres, situado en el núcleo histórico de la ciudad. El nombre proviene de su localización en una de las tres colinas históricas de Londres, junto con Tower Hill y Ludgate Hill. Su población actual es reducida, pero en cambio muchas corporaciones y conglomerados financieros tienen sus oficinas principales en Cornhill. Entre los puntos de interés localizados en Cornhill figura el primer centro comercial de Londres (*The Royal Exchange*). Además, allí se encuentran varias iglesias históricas diseñadas por el arquitecto y matemático Sir Christopher Wren, quien fue el principal responsable de la reconstrucción de Londres después del incendio de 1666, y quien diseñó la famosa catedral de San Pablo. Cornhill es el sitio de la primera iglesia cristiana de la Gran Bretaña, del primer baño público subterráneo del mundo, y del primer café de Londres. Adicionalmente, ha sido históricamente,

---

[1]`http://cornhillward.org.uk`

y sigue siendo, un lugar de primera importancia para las finanzas y los seguros. El Royal Exchange fue inaugurado en 1565, como un centro de comercio para la ciudad. Inicialmente sólo se permitía el intercambio de bienes, y, curiosamente, los corredores de bolsa no eran admitidos por ser rudos y de malos modales, así que debían operar desde otros establecimientos en el vecindario. Es en este barrio donde el protagonista de este capítulo abrió su oficina, en la década de 1720. Antes de narrar la historia del empresario de Cornhill, es necesario repasar el contexto histórico [2]. La historia transcurre en Inglaterra, durante el reino de la casa de Hanover, al comienzo del siglo XVIII. En esa época, como en nuestra propia época, se incentivaba la especulación financiera. El gobierno inglés estaba cerca de la quiebra, agobiado por una enorme carga financiera debida a deudas de guerra. En estas circunstancias, algún ministro tuvo la brillante idea de beneficiar al gobierno del auge y la prosperidad del comercio internacional. En 1710 se fundó una compañía para comerciar en los mares del sur, y se le traspasó parte de la deuda nacional. Esa compañía se llamó *The South Sea Company* (la Compañía del Mar del Sur), y sería la protagonista de un gran escándalo financiero conocido como la burbuja del Mar del Sur [3]. En 1720 los directores de la compañía le propusieron al gobierno

---

[2] A History of the English Speaking Peoples, Volume III. The Age of Revolution, Sir Winston Churchill, Cassell 1956.

[3] http://www.thebubblebubble.com/south-sea-bubble/

absorber toda la deuda nacional, que en ese momento alcanzaba los £30.000.000, y reducirla a cero al cabo de 25 años. Se dice que la compañía le pagó en sobornos a ministros, parlamentarios y burócratas, la entonces astronómica suma de £1.250.000. El ministro de finanzas (en inglés *Chancellor of the Exchequer*)compró acciones por un monto de £27.000 antes de presentar el proyecto en el parlamento. El proyecto de ley delineando la transacción fue presentado al parlamento en 1720. Algunos parlamentarios como el futuro primer ministro Robert Whalpole, criticaron el proyecto aduciendo que se trataba de un esquema pernicioso. Argumentaban que distraía la vitalidad de la nación de las áreas productivas como el comercio y la industria, y en lugar engañaba a los ingenuos con un prospecto falso de ganancia, para que invirtieran el fruto de sus labores en una riqueza imaginaria. Según Whalpole, el éxito del proyecto dependía enteramente de la subida del precio de las acciones de la compañía. La idea era inflar artificialmente el valor de las acciones, y así atraer inversionistas incautos, con la promesa de dividendos irreales y acciones costosas. A pesar de las advertencias, y gracias a los sobornos y la avaricia de los políticos, el proyecto fue ratificado por el parlamento. Seguidamente se disparó una especulación desmesurada. Los precios de las acciones se triplicaron en poco más de tres meses. Inversionistas, honestos y deshonestos, avivaron el fuego, y en un frenesí de especulación, las acciones de la compañía llegaron a subir más del 800 % en tan solo un año. En las calles, las tabernas y los cafés de Londres, ciudadanos, hombres y mujeres, se apresuraban a invertir sus ahorros en cualquier empresa que prometiera ganancias. La sed de ganancias fáciles y rápidas permeaba toda la sociedad. El ambiente era tal que la ingenuidad de la población parecía no tener límite. Las ideas más extravagantes tenían acogida. Por ejemplo, un empresario promovió exitosamente en la bolsa una compañía para fabricar un cañón que dispararía proyectiles redondos y cuadrados. Esto, según el empresario, revolucionaría el arte de la guerra. Los proyectiles redondos serían dirigidos a los cristianos, mientras que los proyectiles cuadrados serían dirigidos a los musulmanes. Otros empresarios promovían inversiones en compañías para construir máquinas de movimiento perpetuo, en contradicción con el sentido común y la (cien mil veces verificada) primera ley de la termodinámica[4]. Las acciones en la bolsa parecían tener solo un destino: apreciarse y enriquecer a todos los afortunados inversionistas. Vale la pena observar que los ciudadanos de Londres se contaban entre los más sofisticados y conocedores en temas de finanzas de su época.

Es en este contexto de la gran burbuja del mar del

---

[4]300 años después, todavía hay empresarios que tienen éxito recogiendo capital para construir máquinas de movimiento perpetuo: http://www.techcastglobal.com/-/harnessing-zero-point-energy-closer-than-we-think-

sur, que aparece el empresario de Cornhill, y la estrella de este capítulo. No me ha sido posible descubrir su nombre, pero el cronista del que aprendimos la historia, a pesar de excesos ocasionales de entusiasmo y credulidad, es de confianza [5]. El empresario abrió una oficina en Cornhill, en el corazón financiero de Londres, en donde promovió su empresa. De acuerdo con el propio empresario, se trataba de una compañía para hacer negocios altamente rentables, pero que debían permanecer secretos, por miedo a que la competencia se apropiara de la estupenda idea. Los inversionistas asediaron la oficina del empresario. La idea de participar en un negocio desconocido, basado en promesas sin sustancia alguna, resultó irresistible para los inversionistas. Después de acumular una suma importante de dinero, rápidamente y sin trabajar, el empresario de Cornhill se escabulló y nunca más se supo de él.

Respecto a la burbuja del Mar del Sur, pues estalló, obliterando los ahorros de empleados, criados, negociantes, caballeros, nobles, políticos, sacerdotes, y todos aquellos que ingenuamente invirtieron en ilusiones sin sustancia. Los sueños se convirtieron en pesadillas amargas, que dieron lugar a una oleada de suicidios y de histeria generalizada. Cuando el gobierno se dio cuenta del riesgo que representaban la plétora de pequeñas y medianas empresas que habían surgido repentinamente, comenzó la represión financiera.

---

[5]Ver a nota 2

Adicionalmente, la *South Sea Company* utilizó toda su influencia para acabar o marginalizar a la competencia. Cuando los directores de la compañía juzgaron que las acciones habían alcanzado su precio más alto, comenzaron a venderlas. El cierre de las pequeñas empresas solo aceleró el proceso de ventas y rápidamente se desató un pánico, con todos los inversionistas apresurándose a vender. El resultado predecible fue que el precio de las acciones se desplomó. Whalpole, a pesar de haber sido un decidido y estridente adversario de la compañía, obtuvo generosas ganancias. Dadas sus condiciones económicas y su conocimiento privilegiado de la situación real, fue capaz de hacer inversiones en la *South Sea Company* y vender sus acciones a tiempo. Whalpole pudo acumular mucho dinero rápidamente y sin trabajar.

Así pues, tenemos dos personajes relevantes para nuestra narrativa. El primero, nuestro empresario de Cornhill, un fraude y un delincuente. El segundo, Whalpole, un parlamentario y estadista, hasta donde sabemos honesto. Poco tienen en común, excepto su habilidad de acumular dinero, rápidamente y sin trabajar. Adelante el reloj 300 años querido lector, y verá la historia repetirse. No importa en qué continente viva, verá cómo gastos desmedidos debido a una guerra, corrupción, conflicto de intereses, especulación, incremento artificial del valor de acciones, y los demás ingredientes presentes en esta historia, se manifiestan tan claramente como hace 300 años.

En este capítulo hemos descrito dos métodos certeros para acumular dinero rápidamente y sin trabajar. Funcionaron hace 300 años, y le aseguro, querido lector, que no han perdido vigencia y efectividad.

2 El Especulador de Argelia

La trama de este capítulo transcurre en Argelia [1], en la década de 1980. Pero antes de relatar la historia, es necesario explicar el contexto histórico.

La República Democrática Popular de Argelia está situada en el norte de África, bordeando el mar Mediterráneo. La región tiene una larga y colorida historia, ligada a la de los fenicios, romanos, otomanos y, finalmente, al imperio colonial francés. El país es un importante exportador de gas natural y de petróleo, y sus ingresos dependen en gran parte de estos hidrocarburos. Su capital, Argel, es una ciudad de contrastes, donde los legados francés, islámico y hasta soviético, conviven lado a lado. Su puerto acomoda barcos con un calado menor de 15.2 metros [2].

---

[1] https://en.wikipedia.org/wiki/Algeria

[2] Esta información es completamente irrelevante, pero se ha incluido para aquellos lectores que disfrutan las guías turísticas abarrotadas de estadísticas superfluas. Por ejemplo, el autor se declara incapaz de comprender por qué a los visitantes de Nuuk, en Groenlandia, les interesaría saber que el

El Especulador de Argelia

La colonización francesa comienza en 1830, con la captura de Argel por parte de las fuerzas francesas, y se extiende hasta 1962, cuando adquiere su independencia. Los ocho años de la guerra de independencia, entre 1954 y 1962, fueron particularmente sangrientos. El movimiento independentista fue liderado por el Front de Libéracion Nacionale (FLN), un movimiento político y guerrillero que encabezó una coalición de nacionalistas opuestos a la administración francesa. La brutalidad de la guerra de independencia es bien conocida, y ha sido recontada con espeluznante y grotesco detalle en películas tales como La Bataille d'Alger de Gillo Pontecorvo[3]. Las víctimas de la guerra se estiman en los cientos de miles, y los heridos o mutilados alcanzan números similares.

Al ascender al poder, el FLN decretó ilegales los partidos políticos, y mantuvo las riendas del estado, sin rivales, hasta 1991, año en el que se realizaron las primeras elecciones. En 1963 asumió la presidencia el líder del FLN, Ahmed Ben Bella, hasta que fue derrocado en 1965 por su aliado y ministro Houari Boumediene.

Los acuerdos de independencia firmados en Évian, Francia, en 1962, reconocieron la soberanía de Argelia sobre el Sahara y sus recursos naturales. La explo-

único puerto con calado de más de 15 metros que está situado al norte del paralelo 76 queda a 3 km. del aeropuerto de Pituffik en el costado noroccidental de Groenlandia.

[3]https://fr.wikipedia.org/wiki/La_Bataille_d'Alger

tación petrolera permaneció en manos de compañías occidentales hasta 1967, cuando Boumediene decidió nacionalizar algunas refinerías, y pasó completamente al poder estatal en 1971 cuando se decretó el fin de la llamada colonización petrolera. Los hidrocarburos generaron ingresos considerables, que aumentaron vertiginosamente con la crisis del petróleo de 1973. La dependencia económica del oro negro continúa desde entonces hasta el presente.

La idea original del presidente Boumediene era utilizar la riqueza petrolera para modernizar el país [4]. Mandó construir industrias modernas para procesar el gas, producir plásticos, etc. pero la producción nacional fue incapaz de satisfacer las necesidades básicas de la población. Argelia importaba casi la totalidad de los bienes de consumo. El fracaso de la revolución agraria y la explosión demográfica contribuyeron a exacerbar la carencia de alimentos, y el país se vio obligado a importar masivamente productos alimenticios. Los grandes beneficiarios de esta situación fueron los miembros mejor conectados del FLN y algunos oficiales del ejército de liberación, que paulatinamente se apropiaron del estado. Una ley de 1978 decretó el monopolio estatal sobre las importaciones, de manera que el control total sobre las importaciones quedó en manos de unos pocos individuos.

---

[4] Algérie, la Désillusion, Dominique Lagarde, Groupe Express 2011.

El Especulador de Argelia

Este ambiente político y económico propicia el florecimiento del especulador de Argelia [5]. El especulador de Argelia, hijo de campesinos, participó en la guerra de independencia. En 1962, cuando los franceses abandonan Argel, el especulador se convierte en un hombre de influencia, gracias a sus contactos en el FLN. El caos que siguió al fin de la guerra le abrió espacio al especulador, que pudo utilizar las antiguas redes guerrilleras para surtir la ciudad con alimentos, obtener jugosos beneficios, y al mismo tiempo incrementar su influencia política. Durante la presidencia de Boumediene, y de sus dos sucesores inmediatos, unos pocos individuos se beneficiaron enormemente del monopolio privado de la importación de bienes de consumo, incluyendo al especulador. La influencia de estos negociantes aumentó a medida que fueron amasando fortunas colosales. Estos personajes eran antiguos combatientes que actuaban como agentes del estado pero a título personal, y obtuvieron grandes beneficios cobrando un peaje por el paso de los productos alimenticios y los artículos de consumo, que eran esenciales para la población. Para hacer alarde de su riqueza recién adquirida, el especulador ordenó construir una decena de mansiones inspiradas por los ranchos de la telenovela "Dallas". Sin embargo, el especulador todavía no había llegado a su cúspide. El estado controlaba el mercado de divisas, y tenía prohi-

---

[5] La Guerre Civile en Algérie: 1990:1998, Luis Martinez, Éditions Khartala 1998.

bido a los particulares el cambio del dinar, que es la moneda local, por divisas extranjeras. Algunos pocos privilegiados, entre los que se contaba el especulador de Argelia, podían obtener cantidades enormes de divisas provenientes de las arcas del estado, y no dudaban en revenderlas a los particulares a una tasa muy superior a la tasa oficial, a la que ellos las adquirían. Así, el especulador se convirtió en uno de los protagonistas de un rentable mercado paralelo de divisas que creció rápidamente, hasta inundar con dinero sus cofres personales, llegando a convertirse en billonario.

De esta forma, el especulador de Argelia acumuló mucho dinero, rápidamente y sin trabajar. Ni el especulador ni sus camaradas negociantes aportaron algo positivo, constructivo o útil para la economía argelina. Se limitaron a cobrar un peaje a la casi totalidad de los ciudadanos, lo cual podían hacer con impunidad porque contaban con privilegios obtenidos con el abuso de poder y por medio de la corrupción.

Estimado lector, obtener una concesión para operar una caseta de peaje, sin tener que dar a cambio ninguna contraprestación, es una forma segura y garantizada para acumular dinero rápidamente y sin trabajar. Este método, perfeccionado por el especulador de Argelia, sigue siendo usado exitosamente alrededor del mundo, por individuos o corporaciones que desean, usted lo adivina, acumular dinero rápidamente y sin trabajar.

El Especulador de Argelia

Por ejemplo, cuando los ciudadanos de una nación están *obligados* a hacer sus transacciones financieras a través de instituciones bancarias (verbi gratia recibir su salario en una cuenta bancaria), y éstas a su vez cobran tarifas que exceden cientos de veces sus costos reales (verbi gratia cobrar una primera tarifa cuando el empleador le deposita el salario al empleado, y cobrar una segunda tarifa cuando el empleado retira su dinero), vemos una clara analogía con el especulador de Argelia. Así, el sector bancario acumula mucho dinero rápidamente y sin trabajar, siguiendo a la perfección los pasos del especulador de Argelia.

3 Las Tierras en Machalí

Machalí es una comuna de la zona central de Chile, situada muy cerca de la ciudad de Rancagua. La toponimia proviene del idioma de los aborígenes mapuches [1], y quiere decir rincón de brujos. Brujos clarividentes, que son capaces de ver el futuro y así logran acumular mucho dinero rápidamente, y sin trabajar. Entre los lugares de interés figuran las Termas de Cauquenes, un hotel de inspiración gótica y el Club de Campo Coya, con una de las mejores canchas de golf de Chile. En Machalí son famosas la semana machalina, con diversas actividades culturales y reinado de belleza, el campeonato de cueca y la tradicional fiesta de Cuasimodo.

Los protagonistas de este capítulo son Sebastián, su esposa Natalia, su madre Michelle, y su amigo Andrónico.

Imaginemos que estamos en la primera escena del pri-

---

[1] https://es.wikipedia.org/wiki/Machalí

mer acto de una comedia de M. L. Chakespeare [2]. Los personajes son, sobra decirlo, Sebastián, Natalia, Michele y Andrónico.

Acto I, Escena I. En una taberna.

Entran caminando Michelle y Andrónico. Sebastián y Natalia están sentados en una banca, consumiendo algún brebaje alcohólico mientras conversan con el tabernero.

Sebastián

De los negocios de Caval, ¡me enteré por la prensa!

Tabernero

Anda a chuparle la penca al burro, ¡weon! (En español: No te creo, caballero).

Natalia, guiñando el ojo y dirigiéndose al público

Caval es mi sociedad ... de exportación ... ¡e importación!

---

[2]No confundir al oscuro pero brillante M.L. Chakespeare con el gran autor W. Shakespeare.

Sebastián

En Caval se me asignó una función de consultor sin que mantuviera personal a mi cargo o ejerciera labores de dirección.

Tabernero

Sale saco wea. (En español: Pierdo la paciencia con usted, señor).

Sebastián

Bueno, algo de sueldo me pagaba Natalia. Pero la verdad es que se me ha involucrado en un negocio en el que yo jamás tuve participación, ¡con la única finalidad de denostar mi honra!

Natalia, guiñando el ojo y dirigiéndose al público

¡Chupamedias! (En español: Te arrastras ante cualquier autoridad, no tienes honor).

Sebastián

Mí única participación en aquello, lamentablemente, fue haber asistido a una reunión con Andrónico, ¡a quien no conocía personalmente!

Andrónico, dándole un manotazo en la espalda a Sebastián, guiñando el ojo y dirigiéndose al público

¡Chupa pico! (En español: Cuando chupamedias no es suficiente).

Tabernero, dirigiéndose a Michelle

¡Cabra culiá! (En español: ¡Mujer indigna!).

Michelle

Yo ... me enteré de lo de Caval ¡por la prensa! Estaba de vacaciones cuando estalló el caso, y no tuve la dimensión en su momento de lo que estaba pasando por falta de información. Si la hubiera tenido me hubiera vuelto de inmediato. Pero lamentablemente la información que me llegó fue mala, escasa.

Fin del primer acto. Se cierra el telón.

Los protagonistas:

- Michelle: La presidenta del país.
- Andrónico: vice-presidente y dueño del Banco.
- Sebastián: El hijito de Michelle.
- Natalia: La esposa de Sebastián.

- Autor: M. L. Chakespeare.

¿De qué se trata esta comedia? Natalia y Sebastián se entrevistaron personalmente con Andrónico [3], del que obtuvieron un préstamo de 6500 millones de pesos, a pesar de que Caval era una empresa con bajo patrimonio. Caval utilizó este capital para adquirir 44 hectáreas de tierra en Machalí. Poco tiempo después la municipalidad de Machalí modificó el plan regulador, lo que resultó en un aumento súbito del precio de los terrenos. Entonces se anunció la venta de los predios, por un monto de 9500 millones de pesos, generando una ganancia de 3000 millones, rápidamente y sin trabajar. Tanto Sebastián como Michelle declararon haberse enterado del negocio por medio de la prensa.

Querido lector, he aquí otra receta infalible para hacer dinero rápidamente y sin trabajar. Mire usted en su país, en su ciudad, y encontrará casos similares. Por ejemplo, podemos intercambiar países y personajes utilizando la siguiente tabla de conversión:

---

[3] Titus Andronicus es el título de la primera tragedia de Shakespeare.

Chile	Colombia
Michelle	Álvaro
Sebastián	Tomás
Natalia	Jerónimo
Andrónico	NN (¿Quizá un banquero en las islas Vírgenes?)
Machalí	Mosquera

Con información privilegiada, tráfico de influencias y acceso a capital, es posible *adivinar* el futuro. Y así son muchos los que han acumulado dinero rápidamente, y por supuesto, sin trabajar. La clarividencia también les sirvió a Tomás y a Jerónimo, demostrando de paso que es un método certero y efectivo para amasar fortunas fabulosas, rápidamente y sin trabajar.

4 Los Cenotafios de Keops, Kefrén y Micerino

El lector astuto habrá notado que el título de este capítulo hace alusión a las magníficas pirámides de Giza, en Egipto. Estas construcciones imponentes, deslumbrantes, extraordinarias, dejan con la boca abierta y sin aliento a quienes las ven por primera vez. Los visitantes se maravillan, para posteriormente sentirse pequeños, aún más, humildes ante la imagen combinada de grandeza y poder que proyectan los colosos. Pero, como el título también lo indica, las pirámides son realmente cenotafios, es decir, tumbas. Las pirámides eran, y siguen siendo, estructuras majestuosas, que servían de portales hacia el mundo de los muertos. Los faraones difuntos eran minuciosamente preparados para el pasaje desde este mundo hasta el siguiente, y sus cadáveres embalsamados eran depositados en el interior de la pirámide, junto con riquezas, utensilios y hasta sirvientes, para que estuvieran bien preparados en el mundo de los muertos.

Los Cenotafios de Keops, Kefrén y Micerino

Los gigantes de Keops, Kefrén y Micerino son una perfecta introducción al mundo de las pirámides modernas. Estas últimas, obra de la ingeniería financiera, aparecen sólidas y monumentales a los ojos de los ingenuos y los avaros, pero en realidad son únicamente portales que sirven para que los ahorros, los bienes y el fruto del trabajo de las víctimas pasen de este mundo a otro mundo. ¿A cuál mundo? Al mundo de los inescrupulosos que quieren acumular dinero, rápidamente y sin trabajar. Con frecuencia las víctimas son engañadas, pero en muchas oportunidades participan voluntariamente, a sabiendas de que la estructura es frágil y terminará derrumbándose como una pirámide de cartas, dejando muchos perdedores bajo los escombros. Las víctimas se dejan impresionar por los espejismos de ganancias fabulosas, deslumbrantes, extraordinarias, que los dejan con la boca abierta y sin aliento. Luego se sienten pequeños, e impulsados por la tentación de ganancias fáciles abandonan el sentido común y se abandonan al canto de las sirenas. Pero realmente conducen su dinero a una tumba. O mejor, a un portal, donde vierten sus esperanzas para finalmente sucumbir desilusionados. Del otro lado del portal, los arquitectos de las pirámides amasan mucho dinero, rápidamente, y naturalmente, sin trabajar.

Vale la pena profundizar en la historia, geografía y arquitectura de las pirámides.

Comencemos por ... el principio. ¿Qué es una pirámide? En geometría y arquitectura, es un poliedro que cuenta con una base y varios lados. La base es un polígono regular, comúnmente de tres, cuatro, o cinco lados. Los lados son triángulos, que se encuentran en un vértice común, llamado el ápex. La unión de dos pirámides en su base resulta en una bi-pirámide. En economía, es un esquema en el que los participantes reciben dinero de los nuevos participantes en la pirámide, quienes a su vez entran atraídos por la esperanza de recibir dinero cuando consigan más participantes. *Todas* las pirámides financieras están destinadas a fracasar. En el momento del colapso se hunden arrastrando con sí a la mayoría de los participantes hasta el abismo de los perdedores.

Naturalmente, un vistazo superficial da la impresión de que Egipto es el país de las pirámides. Se han descubierto más de cien pirámides en el costado occidental del río Nilo. De esta forma quedaban localizadas cerca del sol poniente y del reino de los muertos. Es difícil no caer embrujado por la irresistible atracción de las pirámides. La primera fue construida alrededor de 2700 a.c. en Saqqara, cerca de Memphis. Las grandes pirámides de Giza fueron construidas cuando Egipto era una de las civilizaciones más ricas y avanzadas del planeta. La gran pirámide, que se cuenta entre las maravillas del mundo antiguo, fue construida por el faraón Keops. No se sabe mucho de este faraón, excepto que tuvo un reinado de 23 años y que mandó construir este monumento gigantesco que sigue en pie

Los Cenotafios de Keops, Kefrén y Micerino

4500 años después.

La construcción de pirámides no se limitó a los egipcios. En el nuevo continente se han encontrado ruinas de pirámides que son dignas rivales de las egipcias, tanto en tamaño como en esplendor. Tal vez la más famosa sea la pirámide del sol en Teotihuacán, cerca de la ciudad de México, y cuyas dimensiones son comparables a las de la pirámide de Keops. La pirámide del sol se encuentra en el costado oriental de la llamada calzada de los muertos. Se desconoce el uso que tuvo esta estructura. La gran pirámide de Tlachihualtépetl, en San Pedro de Cholula, México, tiene una base cuadrada de 400 metros de lado, excediendo la de Keops. Diversas culturas mesoamericanas dejaron su marca indeleble en México. En particular, se construyeron pirámides impresionantes en Chichén Itzá, Chacchoben, Calakmul, Becán, Comalcalco, Dzibanche, Ednak, Palenque, Uxmal, y en muchos otros sitios. Aún hoy causan gran impresión y estimulan la imaginación de viajeros, turistas, arqueólogos e historiadores. Entre los países centroamericanos que cuentan con estupendas pirámides debemos incluir a Guatemala, con los sitios arqueológicos de Tikal y Tolum, sin olvidar Belice, Honduras, y El Salvador [1]. Se han encontrado restos de pirámides en el lejano oriente, en China y Japón, y hasta en Europa.

---

[1] https://es.wikipedia.org/wiki/Anexo: Pirámides_de_Mesoamérica

¿Cuál es el país por excelencia de las pirámides? Difícil de responder, y claramente depende del criterio que se use para decidir. Qué cuenta más, ¿el tamaño? ¿Quizá la cantidad? ¿O tal vez el esplendor? ¿Será Egipto que supera en antigüedad al resto? ¿O México, cuyas pirámides superan en área construida a las de Egipto? Para el autor la respuesta es obvia: El país de las pirámides es, sin duda, Colombia [2]. La Superintendencia Financiera de Colombia mantiene una página donde lista docenas de pirámides, que atraen al incauto, ingenuo o avaro con promesas como

»No dejes pasar esta oportunidad, invierte $2 dólares y gana MAS DE $15000 EN SOLO 60 DIAS!!!«

Entre las compañías que gerencian pirámides, la más tristemente célebre es DMG. Fue fundada por el criminal convicto David Murcia Guzmán. Este individuo sin escrúpulos también sobornó políticos y burócratas, con el objetivo de obtener influencia política. El escándalo se conoce popularmente como el caso DMG-política. La compañía DMG llegó a tener sucursales en Panamá, Venezuela y Ecuador. Las sumas recaudadas por DMG se calculan en decenas de miles de millones de pesos colombianos. Además de la pirámide, Murcia Guzmán cometió el delito de lavado de dinero. El 8 de julio del 2011, Murcia Guzmán fue sentenciado a 9 de

---

[2] http://www.semana.com/nacion/articulo/el-pais-de-las-piramides/395282-3

39

años de cárcel por un tribunal de Nueva York. Luego de cumplir esta condena deberá regresar a Colombia a cumplir una sentencia de más de 30 años de prisión por captación ilegal de dinero. Las víctimas del fraude se cuentan por decenas de miles. La psicología de las víctimas es particularmente interesante. Durante una audiencia pública poco después de la captura de Murcia Guzmán, una numerosa turba compuesta por inversionistas que habían depositado sus ahorros en la pirámide de Murcia Guzmán, rodeó el juzgado e hizo una manifestación pidiendo la libertad de Murcia Guzmán. Alguno de los participantes, entrevistado por la televisión local, declaró que lo fundamental no era que le devolvieran su dinero, sino lograr la liberación de Murcia Guzmán, ya que en unos meses DMG les duplicaría su inversión. La mayoría de las víctimas eran personas con poca educación y ningún conocimiento de finanzas. Lo que hace aún más curiosa la psicología de las víctimas, es que no sólo los incautos e ignorantes se dejan embaucar. Uno de los mejores ejemplos nos lo brindan las víctimas del criminal convicto Bernard Madoff. Entre sus clientes se contaban inversionistas sofisticados y experimentados, poseedores de fortunas y con múltiples contactos en la élite de Wall Street. Alguno confesó que invirtió sumas enormes en la pirámide de Madoff, porque a pesar de que sospechaba desde hacía años que Madoff hacía trampa, estaba convencido de que Madoff le hacía trampa a otros, y que él se estaba beneficiando con la habilidad de Madoff de timar ¡a otros! En algunos casos las víctimas están plenamente conscientes de que se trata de un juego de sillas musicales. Cuando cesa la música alguien se queda sin silla, pero están dispuestos a correr el riesgo, alimentados por la esperanza de acumular dinero rápidamente y sin trabajar. Por ejemplo, el rector de una prestigiosa universidad de Cali, Colombia, se vio obligado a emitir un comunicado para estudiantes y padres de familia advirtiéndoles del riesgo de promover y participar en la llamada pirámide 55 para 440. La promesa era sencilla, invierta $55000 y gane $440000 al fin del mes.

El lector se preguntará ¿qué pasó con la empresa DMG? Hoy, años después de que se revelaran todas las trampas y crímenes de Murcia Guzmán y sus secuaces, encontramos el siguiente volante en la página de pirámides de la Superintendencia Financiera:

> »VOLVIMOS
> NUEVAS GARANTIAS PARA NUESTROS INVERSIONISTAS
> TRIPLIQUE SU DINERO
> PASE LA VOZ
> RAUL CARRILLO, JAIRO RUIZ
> DMG GRUPO
> SEGUIMOS TRABAJANDO COMO EMPRESA«

Sin duda continúan atrayendo clientes ingenuos, y con toda seguridad estos individuos inescrupulosos acumulan mucho dinero, rápidamente y sin trabajar. Lamentablemente los casos de Murcia Guzmán y Madoff son excepcionales, ya que pocas veces terminan encarcelados los cabecillas de una pirámide.

Hay una variación sobre el tema de la pirámide que es hábilmente explotada por algunos esquemas de marketing directo. Tienen múltiples encarnaciones y se conocen diversas estratagemas para crear y dirigir una de estas operaciones. Usualmente se siguen los siguientes pasos. Primero se consiguen algunos productos o servicios, preferiblemente difíciles de encontrar en el mercado con idénticas características, aunque esto no es indispensable. Luego se recluta una fuerza de vendedores. Una característica de estos esquemas es que toca pagar para poder convertirse en vendedor. Los vendedores reciben comisión por sus ventas, y, crucialmente, por los vendedores que recluten. Se incentiva a los vendedores a conseguir más vendedores, y estos a su vez a conseguir más vendedores, y así se generan varios niveles de compensación. Tal esquema adquiere los mismos vicios que las pirámides financieras descritas en las páginas anteriores cuando el interés por los productos es marginal y el énfasis se pone exclusivamente en conseguir nuevos vendedores. ¡En este caso el esquema se vuelve indistinguible de la pirámide 55 para 440! Pero a diferencia de la 55 para 440, es posible extender los tentáculos de la pirámide y crear una pirámide dentro de la pirámide. Por ejemplo, se organizan seminarios de ventas, entrenamiento y motivación, donde se dan charlas y se venden libros, películas y material relacionado. Los vendedores o aspirantes a vendedores deben pagar para participar en tales seminarios, y se les dan incentivos para que consigan más participantes. En otras palabras, ¡se organiza una pirámide para enseñar cómo organizar una pirámide! Ambas pirámides son rentables por sí solas. Su combinación resulta en un esquema certero para acumular dinero rápidamente y sin trabajar.

Las autoridades tienen dificultad detectando y clausurando las pirámides con raíces en el marketing directo, dado que funcionan bajo el manto de distribuidores o vendedores de un producto. Una característica particularmente lamentable de estas operaciones es que alientan a los vendedores a conseguir clientes (en realidad víctimas) entre familiares, amigos y colegas. De esa forma muchos vendedores terminan defraudando a sus seres queridos y demás miembros de su círculo social. Aunque no lo hacen con intención, el resultado es el mismo.

Organizar una pirámide es, estimado lector, otro método efectivo para amasar exorbitantes fortunas rápidamente y sin trabajar. Parece que no pierden vigencia, ya que ni siquiera amargas experiencias sirven para educar a los inversionistas. Son muchas las personas que no aprenden de sus errores, ni de los errores de los demás, y están siempre ávidas y dispuestas a caer repetidamente en exactamente la misma trampa.

43

5 Decimatio

La división es la operación aritmética más compleja, y usualmente la última que aprendemos en la escuela primaria. En el sistema numérico de la base diez [1], cuyo uso se ha universalizado, es particularmente fácil multiplicar y dividir por diez [2]. En español utilizamos el verbo diezmar (o decimar) para indicar disminuciones, o para la acción de pagar una porción de las riquezas personales a la iglesia. La palabra proviene del latín decimus, y también está relacionada con el término latino decimatio, que significa remoción de un décimo.

Decimatio es una invención romana, usada para castigar crímenes graves cometidos en masa. Soldados culpables de motines o cobardía eran sujetos a la macabra decimatio. Los sindicados eran divididos en grupos de diez, y de cada grupo se escogía uno al azar. Los nueve restantes tenían que matar a golpes a su desafortunado compañero. El primer caso documen-

---

[1] Los mayas usaban la base 20, y los babilonios la base 60, que es en varios aspectos más ventajosa que la base 10.

[2] En general, en un sistema numérico que utiliza la base B, es fácil multiplicar y dividir por B.

tado de decimatio ocurrió en el año 471 a.c. [3], cuando el cónsul Appius Claudius Sabinus Inregillensis ordenó el castigo de decimatio para unos desertores. La práctica de la terrible decimatio sobrevivió al imperio romano y se tienen noticias de su aplicación incluso en tiempos recientes. Por otra parte, la práctica de pagar el diezmo a la iglesia tiene sus raíces en el Antiguo Testamento. En efecto, en el libro de Levítico 27:30-32 leemos [4]

>»27:30 Y el diezmo de la tierra, así de la simiente de la tierra como del fruto de los árboles, de Jehová es; es cosa dedicada a Jehová.
>
>27:31 Y si alguno quisiere rescatar algo del diezmo, añadirá la quinta parte de su precio por ello.
>
>27:32 Y todo diezmo de vacas o de ovejas, de todo lo que pasa bajo la vara, el diezmo será consagrado a Jehová.«

Y continúa en el libro de los Números 18:21

>»18:21 Y he aquí yo he dado a los

[3] https://en.wikipedia.org/wiki/Decimation_(Roman_army)

[4] Biblia, edición Reina Valera 1960.

hijos de Leví todos los diezmos en Israel por heredad, por su ministerio, por cuanto ellos sirven en el ministerio del tabernáculo de reunión.«

La tribu de Leví ejercía labores sacerdotales, y se servían del diezmo para suplir sus necesidades de bienes y alimentos.

El diezmo debido a la iglesia aparece desde el comienzo de la cristiandad, inicialmente como un precepto o un deber, pero no como una obligación. Eventualmente se afianza como gravamen tributario, a partir del siglo VI. El diezmo se estableció firmemente en el mundo occidental a fin del siglo VIII cuando fue decretado por el emperador Carlomagno, y se mantuvo vigente hasta el siglo XIX. Este impuesto servía para el mantenimiento del clero.

El diezmo, que prácticamente desapareció en el siglo XX, ha reaparecido en nuestro tiempo, haciendo furor, sobre todo en el interior de las iglesias cristianas evangélicas. Inicialmente parece curioso que iglesias cristianas modernas, que consideran el antiguo testamento como obsoleto, muestren gran afinidad, aún más, diríamos apego, a los pasajes del Antiguo Testamento citados anteriormente. Pero después de un segundo de reflexión vemos que la razón es clara. Dividir por diez es fácil, y aún los menos dotados de habilidades matemáticas rápidamente reconocen que exigir el diezmo a los feligreses es una manera efectiva

de acumular mucho dinero, rápidamente y sin trabajar. Por ejemplo, si un pastor reúne un grupo de mil
familias creyentes, recibirá el fruto del trabajo de cien
familias. Esto representa una suma de dinero considerable, aún si las ovejas son de escasos recursos. Y si las
ovejas son de clase media o aún mejor, son pudientes,
permitirán al pastor acumular una fortuna considerable, en poco tiempo y sin trabajar.

Diezmar se ha convertido en una forma de *decimatio*, donde las buenas ovejas, temerosas de enojar o
deshonrar al Señor, sacrifican la décima parte de sus
riquezas (o sus pobrezas, según el caso).

La Iglesia de Dios Ministerial de Jesucristo Interna-
cional[5] de Colombia, nos brinda un excelente ejemplo.
La presidenta y fundadora es la hermana María Luisa
Piraquive. En sus propias palabras

> »María Luisa Piraquive, nacida el 10 de
> febrero en el municipio Chipatá, departa-
> mento de Santander – Colombia. Sus pa-
> dres Obdulio y María, conformaron un ho-
> gar compuesto por diez hijos – seis mujeres
> y cuatro hombres – siendo ella la tercera
> entre sus hermanos. Creció en un hogar
> humilde y modesto, rodeada de la natura-
> leza, en el municipio de Sáchica – Boyacá.
> Desde sus primeros años, manifestó su in-
> clinación por los animales y los paisajes,

---

[5]http://idmji.org/

aprendió a llevar una vida feliz contemplando la obra de Dios y su perfección, anhelando una comunicación directa con el Creador.«

La hermana María Luisa es madre, trabajadora social, maestra espiritual, escritora y cantautora. En efecto,

>La Dra. María Luisa no solo es Escritora, Maestra y Profetisa del Dios Altísimo, ella es Madre de 5 hijos y abuela de 9 nietos. Siempre estuvo dedicada a su hogar y sus hijos, siendo responsable en todos los aspectos relacionados a los quehaceres del hogar y pendiente de sus hijos, virtudes que heredó de su progenitora María.«

No cabe la menor duda de que la hermana María Luisa Piraquive ha hecho una carrera meteórica, comenzando humildemente, hasta llegar a presidir una iglesia verdaderamente internacional con cientos de templos y presencia en varios países. Además es activista política, con gran influencia en el Movimiento Mira.

Piraquive ha recibido numerosos honores y condecoraciones[6], incluyendo el premio Alas de Esperanza, otorgado por la Fuerza Aérea Colombiana en 2012, y la Orden de la Democracia Simón Bolívar otorgada por la Cámara de Representantes de Colombia. A estos, y otros numerosos honores, se puede añadir el

---

[6] https://es.wikipedia.org/wiki/María_Luisa_Piraquive

nombramiento como Doctor Honoris Causa Summa
Cum Laude por el CIHCE (Consejo Iberoamericano
en Honor a la Calidad Educativa), una oscura institución privada, sin acreditación oficial, que ha sido
acusada de otorgar premios a cambio de donaciones.
De acuerdo con el seminario de educación superior de
la Universidad Nacional Autónoma de México [7]

>»Alertamos ... a la comunidad interna-
cional por la manera irregular con la que
este consejo viene conduciendo sus actividades y otorgando reconocimientos, premios de excelencia académica, doctorados
en filosofía, en educación, honoris causa,
maestrías y demás medallas, trofeos, di-
plomas y galardones a los cuales acceden
los premiados mediante compra, a través
de la postulación enviada por el CIHCE
por correo electrónico de manera indiscri-
minada, o sencillamente autopostulándo-
se. Este año el premio tiene un precio de
mil 700 dólares de EUA. Como es obvio dichos premios no tienen ninguna validez.«

Su propio hijo, Iván Moreno, denunció a la Dra. María
Luisa Piraquive, en el año 2006. El texto incluye lo
siguiente[8].

---

[7]http://www.ses.unam.mx/publicaciones/articulos.php?
proceso=visualiza&idart=521
[8]Este contenido ha sido publicado originalmente en Vanguar-

»Yo, Iván Darío Moreno Piraquive, mayor, vecino de Bogotá, identificado con la cédula 79'599.902 de Bogotá, ante usted con el debido respeto me permito denunciar una posible falsedad en documento público y otros.

1. El año pasado me enteré que mi madre, la señora María Luisa Piraquive de Moreno, con cédula 41'473.168 de Bogotá, había registrado a Carlos Eduardo Moreno Piraquive como su hijo en el registro civil, teniendo en cuenta que él es realmente hijo de mi hermana Alexandra Moreno Piraquive con cédula de ciudadanía número 39'548.433 de Bogotá.

2. En el curso del proceso de la liquidación de mi herencia, tuve que adjuntar el acta de defunción de mi padre, el señor Luis Eduardo Moreno Moreno, y con sorpresa me di cuenta que el certificado fue expedido por un médico que yo nunca conocí como médico de la familia, el cual de-

dia.com
http://www.vanguardia.com/actualidad/colombia/
243031-los-escandalos-de-la-pastora-maria-
luisa-piraquive

cía que la causa del deceso había sido por una enfermedad coronaria que
supuestamente mi padre sufría. Como hijo y testigo presencial del hecho
puedo decir que mi padre no sufría
de alguna enfermedad coronaria, pero no entendí por qué no se le prac-
ticó una autopsia para establecer la
causa de su fallecimiento. Hace poco me entere por mi primo, Óscar
Jair Bedoya Piraquive, que a mi padre no le fue practicada la autopsia
por cuanto la señora María Luisa Piraquive había argumentado en ese momento que el Espíritu Santo lo iba a
resucitar, pero que era imprescindi-
ble no dejarlo llevar al CTI, porque
si le realizaban la autopsia, entonces
no podría resucitar (argumentos reli-
giosos).«

La fiscalía archivó el caso. Sin duda la Dra. María
Luisa es un personaje controversial. Por ejemplo los
discapacitados no pueden predicar en su iglesia. Vale
la pena recordar las palabras de N. Taleb, quien dice
que una sociedad sólo es tan avanzada como su tra-
tamiento de los débiles y discapacitados. Además a
Piraquive se le vincula a la compra de votos, lavado

de dinero y lujos a costa de los fieles [9], tales como grifería con baño de oro en los baños de su mansión en Florida, Estados Unidos. Piraquive y su familia manejan un conglomerado comercial que incluye sociedades de finca raíz, aeroportuarias, editoriales, etc. Según el ex-pastor y sobrino de la Dra. María Luisa, Óscar Bedoya Piraquive, los diezmos que aportan los miembros de la congregación han permitido formar ese imperio comercial.

Estimado lector, en este capítulo hemos visto otra forma certera y rápida de acumular mucho dinero, rápidamente y sin trabajar. No le hará falta mucho escrutinio para encontrar cerca de usted algún pastor cristiano que se ha enriquecido gracias al diezmo. Cómo dijo el también controversial ex-pastor pentecostal Fernando Casanova [10]

>»Yo no quería irme de mi Iglesia, me iba muy bien (cobrando el diezmo).«

---

[9] http://www.eltiempo.com/politica/
partidos-politicos/escandalos-de-los-piraquive/
14829655;
http://www.elespectador.com/noticias/actualidad/
maria-luisa-piraquive-una-mafiosa-de-primera-
abogada-an-articulo-567965
[10] http://www.vacunadefe.com/Pages/diezmo.aspx

6 La Doctrina del Azar

El lector astuto habrá reconocido que la Doctrina del
Azar es simplemente una traducción del título de la
obra famosa *Doctrine of Chances* del gran matemático
Abraham de Moivre[1]. Esta obra es justamente célebre porque expone por primera vez, y de forma siste-
mática, los principios de la probabilidad. De Moivre
es famoso[2] no solamente por sus valiosas y duraderas
contribuciones a las matemáticas en general y a la probabilidad en particular, sino por haber predicho el día
de su muerte. Ya entrado en años, en algún momento
se dió cuenta que estaba durmiendo 15 minutos más

---

[1] The Doctrine of Chances or A Method of Calculating the
Probabilities of Events in Play, MDCCLVI.

[2] De Moivre descubrió la llamada distribución Gaussiana. Curiosamente, los matemáticos (cuya disciplina es, entre las
artes y ciencias, insuperada en materia de rigor y objetivi-
dad) consistentemente erran al atribuir descubrimientos: La
distribución Gaussiana es llamada Laplaciana en Francia ya
que Laplace la descubrió antes que Gauss, aunque de Moivre
la descubrió antes que Laplace. La fórmula de Cardano la
descubrió Tartaglia. El teorema de Pitágoras era conocido
por los babilonios mil años del nacimiento de Pitágoras. El
teorema de muestreo de Shannon lo descubrió Whittaker...
Una lista completa ocuparía muchas páginas.

cada día. Sumó la progresión geométrica y estimó que moriría el día que durmiera más de 24 horas. ¡Y sus cálculos fueron correctos!

El cálculo de probabilidades es particularmente difícil porque frecuentemente escapan a nuestra intuición, que es tan útil en la vida cotidiana. Preguntas sencillas suelen retar el ingenio de los más adiestrados, y no rara vez dan lugar a respuestas sorprendentes. Consideremos el siguiente ejemplo.

El problema de John Smith

John Smith le preguntó a Samuel Pepys, quien a su vez le preguntó a Isaac Newton ¿qué es más probable?, (A) obtener por lo menos una vez seis cuando se tira seis veces un dado, ó (B) obtener por los menos dos veces seis cuando se tira doce veces un dado.

Este problema es elemental, y alentamos al lector para que trate de resolverlo. ¿Qué le dice su intuición?

La solución es simple. Suponiendo que el dado no está cargado, la probabilidad del evento (A) es

$$1 - \left(\frac{5}{6}\right)^6 = 0{,}665.$$

De forma similar calculamos la probabilidad del evento (B):

$$1 - \left(\left(\frac{5}{6} \right)^{12} + 12 \left(\frac{1}{6} \right) \left(\frac{5}{6} \right)^{11} \right) = 0{,}619.$$

Dado que 0.665 es mayor que 0.619, concluimos que es más probable sacar por lo menos una vez seis en seis tiradas del dado que por lo menos dos veces seis cuando se tira doce veces el dado. El lector que no comprenda los símbolos utilizados en las expresiones anteriores puede ignorarlas sin perjuicio alguno. El objetivo del ejemplo es simplemente convencerlo de que el cálculo de probabilidades no es trivial. El autor confiesa que no conoce una manera más simple para resolver este sencillo problema.

Del análisis de los eventos del azar pasamos a un tema íntimamente relacionado y familiar para todos: La lotería. ¿Quién no ha participado en una lotería? ¿Quién no ha soñado con ganarse el premio mayor? Y por supuesto, querido lector, ganarse el premio mayor de la lotería es una manera rápida para acumular mucho dinero rápidamente y sin trabajar.

Ya hicimos énfasis en el hecho de que calcular probabilidades no es ni fácil ni intuitivo. Pero hay un hecho elemental que sí es intuitivo, y además correcto, y es que es poco probable ganarse una lotería de las que paga premios millonarios y vende millones de boletas para cada sorteo. Por supuesto alguien se gana la lotería, pero sería irresponsable recomendar a mis lectores que compren la lotería con la expectativa de acumular una fortuna rápidamente y sin trabajar.

¿O está equivocado el autor?

Primero, consideremos el mundo ficticio de George Orwell. El año es 1984[3]. En el mundo siniestro de Orwell, la lotería enloquecía a la población, y abundaban los adivinos y embaucadores que vendían a los incautos sistemas para ganarse la lotería. Pero los premios mayores no se los ganaba nadie. Orwell era un perspicaz crítico social, y si confiamos en su instinto, estaríamos inclinados a pensar que no es posible utilizar la lotería para acumular fortuna rápidamente y sin trabajar[4].

Y ahora traslademos nuestros pensamientos al día de

---

[3] George Orwell, 1984: "The Lottery, with its weekly pay-out of enormous prizes, was the one public event to which the proles paid serious attention. It was probable that there were some millions of proles for whom the Lottery was the principal if not the only reason for remaining alive. It was their delight, their folly, their anodyne, their intellectual stimulant. Where the Lottery was concerned, even people who could barely read and write seemed capable of intricate calculations and staggering feats of memory. There was a whole tribe of men who made their living simply by selling systems, forecasts, and lucky amulets. Winston had nothing to do with the Lottery, which was managed by the Ministry of Plenty, but he was aware (indeed everyone in the party was aware) that the prizes were largely imaginary. Only small sums were actually paid out, the winners of the big prizes being nonexistent persons."

[4] Por supuesto, en el mundo real abundan los adivinos y embaucadores que venden a los incautos sistemas para ganarse la lotería.

hoy, a este mundo irreal que nos rodea.

Veamos. En agosto de 1994 el vicefiscal general de Colombia se enteró que una niña de diez años se había ganado tres veces premios mayores en loterías nacionales, por un monto superior a los 2.5 millones de dólares, y en el espacio de pocos meses. No voy a fastidiar al lector con cálculos exactos, porque estoy seguro que confiará si le digo que este evento es poco probable. Y ¿quién era esta afortunada niña? Era simplemente la hija de Pablo Escobar, capo del cartel de Medellín y uno de los criminales más famosos de la historia. ¿Suerte? ¿Azar? Esta historia sería prácticamente imposible si la Doctrina del Azar fuese correcta.

El caso de la hija de Escobar no es único. Evaristo Porras, líder del cartel del Amazonas, convicto narcotraficante y lavador de dólares, también se ganó tres veces la lotería. El convicto y difunto narcotraficante Iván Urdinola Grajales, ligado al cartel de Cali, también se ganó varias veces premios mayores de la lotería. ¡Todo parece indicar que la suerte verdaderamente persigue a los lavadores de dólares!

En España tenemos el caso de David Marjaliza Villaseñor, socio y amigo de Francisco Granados, exconsejero de Justicia de la Comunidad de Madrid. Marjaliza ganó ocho veces la lotería, en un período de tan solo catorce meses, por un total de 257412 euros. Un juez español acusó a Marjaliza de utilizar sus sociedades para lavar dinero.

Pobre Abraham de Moivre, la suerte de Escobar, Porras, Urdinola, Marjaliza y otros personajes funestos verdaderamente desmiente la Doctrina del Azar. ¡Todo parece indicar que suceden eventos cuya probabilidad es inimaginablemente pequeña!

La conclusión inevitable es que, sí, es posible utilizar la lotería como medio seguro y eficaz para acumular vastas cantidades de dinero, rápidamente y sin trabajar.

¿No hay suficientes pruebas? ¿Hay dudas sobre la efectividad de la lotería como instrumento de enriquecimiento rápido? Consideremos otro caso. La historia transcurre en Canadá, el frío y enorme país del norte. Y nuestro héroe es un sucesor de Abraham de Moivre. Su nombre es Jeff Rosenthal, y es profesor de estadística en la universidad de Toronto. Rosenthal salvó la reputación del pobre de Moivre, arrastrada y percudida por la suerte inédita de los capos de los carteles de Medellín, Amazonas y Cali.

En 2006, dos periodistas investigativos se acercaron a consultar a Rosenthal[5]. Los periodistas relataron una trama desarrollada en la pequeña ciudad de Coboconk, en la provincia de Ontario. Un ciudadano de la tercera edad, que jugaba regularmente, y que siempre compraba los mismos números de la lotería provincial de Ontario, se dirigió a la tienda local, como lo hacía siempre, para pedirle a la cajera que verificara si había

---

[5]`http://probability.ca/jeff/ftpdir/lotteryartref.pdf`

ganado algo. Una de las boletas le dió un premio de consolación. La otra boleta había ganado un premio mayor por la suma de $250000. Pero la cajera de la tienda se quedó con la boleta y omitió notificar al ganador. Días después la cajera cobró el premio. Cuando el desafortunado ganador se enteró y se informó de los hechos, se dio cuenta de que había sido timado. Se demoró tres años y medio en recuperar su premio, pero gracias a los periodistas y a Rosenthal, fue posible desenmascarar a los criminales y revelar vicios y defectos en el manejo de la lotería de Ontario. Hubo largos procedimientos legales hasta que, finalmente, un juez falló a favor del ganador. Esto desencadenó un gran escándalo nacional, y obligó al director de la lotería de Ontario a renunciar. Posteriormente, cuando se reveló un escándalo similar en la provincia de British Columbia, el director de esa lotería también fue forzado a renunciar.

¿Cuál fue el análisis de Rosenthal? Primero necesitamos los hechos. Entre 1999 y 2006, la lotería de Ontario pagó 5713 premios mayores (cada uno por un monto superior a $50000). La probabilidad de ganarse uno de esos premios es remota, pues hay alrededor de un billete ganador entre 14 millones. Se reveló que por lo menos 200 de los 5713 premios habían sido adjudicados a empleados o agentes de la lotería. Según el testimonio de la lotería de Ontario, había aproximadamente 60000 agentes de lotería. Otro cálculo le permitió determinar que los empleados de los agentes de lotería no consumían en boletas de lotería más de 1.5 veces lo que el ciudadano promedio de Ontario consumía. Además, la provincia contaba con 8900000 habitantes. Si los premios son distribuidos al azar entre los compradores, entonces se esperaría que hubiese

$$\frac{5713 \times 60000 \times 1{,}5}{8900000} = 57$$

ganadores entre los agentes y empleados de la lotería. Pero como indicamos, el número real de ganadores fue 200. ¿Cuál es la probabilidad de que haya 200 ganadores cuando el número esperado es 57? Invocando la llamada ley de los eventos raros de Poisson [6], Rosenthal estimó que dicha probabilidad era inferior a

0.0000000000000000000000000000000000000000000000003.

Este es un número inimaginablemente pequeño. Esta estimación fue rechazada y escrutada por los expertos de la lotería, pero su validez se mantuvo. Los cálculos de de Moivre, Poisson y Rosenthal demostraron, más allá de toda duda, que había fraude sistémico en la lotería de Ontario y que algunos de sus agentes cometían estafas. Estos resultados motivaron al gobierno de Ontario a investigar a la lotería. La investigación concluyó que, sin lugar a duda, millones de dólares

---

[6]Simeon Dennis Poisson, un gran matemático al que se le atribuye la frase: "La vida sirve únicamente para dos cosas, descubrir matemáticas y enseñar matemáticas".

habían sido pagados a estafadores operando desde el interior de la lotería, con la complacencia de la administración.

Finalmente la real policía montada canadiense intervino, y sus investigaciones terminaron en numerosos arrestos. En un caso ocurrido en 2003, la hija del dueño de una tienda de lotería ganó 12.5 millones de dólares. En 2010 ella y su padre fueron arrestados y acusados de robo. Cientos de personas pretendieron ser las verdaderas ganadoras del premio. Finalmente, en 2011, un grupo de trabajadores de la construcción pudieron demostrar que eran los dueños legítimos del premio. Otra consecuencia del escándalo fue la modernización del sistema de la lotería, y la introducción de mecanismos para prevenir el fraude.

Las investigaciones se extendieron a las provincias de British Columbia, Nova Scotia, Quebec y Manitoba. Se descubrió fraude generalizado. Los empleados y agentes de la lotería eran, como los narcos colombianos, perseguidos por la suerte.

Querido lector, en este capítulo hemos relatado como Jeff Rosenthal rescató la Doctrina del Azar, salvó la reputación del pobre[7] Abraham de Moivre y ocasionó la caída de dos poderosos y corruptos ejecutivos. Concretamente, Rosenthal demostró que eventos extremadamente improbables pueden acaecer, ¡siempre

---

[7]Los historiadores reportan que el gran de Moivre vivió y murió en la pobreza.

y cuando no sean realmente improbables!
Y de paso hemos demostrado que es posible emplear
la lotería como medio certero para acumular dinero
rápidamente y sin trabajar.

7 El Radio de Schwarzschild

La más célebre teoría física de todos los tiempos fue publicada por el joven Albert Einstein en 1916, a los 37 años de edad. Por supuesto estamos hablando de la famosa teoría general de la relatividad. En términos coloquiales, el principio fundamental de la teoría postula que no es posible distinguir entre los efectos de la gravedad y los efectos de la aceleración. Para explicar este concepto, imaginemos una novela policíaca protagonizada por el comisario Montalbano. El villano invita a Montalbano a comer, conociendo bien la debilidad del comisario por la buena cocina. En algún momento el comisario se distrae y el villano le administra un soporífero. Horas después despierta Montalbano. Se encuentra en un ascensor, sin ventanas al exterior. De pronto se le cae la billetera al piso. Según el principio de la relatividad, el comisario, a pesar de su perspicacia e inteligencia, no tiene manera de distinguir si la caída de la billetera se debe a que se encuentra en un campo gravitacional (verbi gratia debido a la atracción terrestre) o si se debe a una aceleración (verbi gratia el ascensor está en el espacio interestelar, en ausencia de gravedad, pero acelerando). Las consecuencias de esta teoría son extraordinarias. Ni siquiera a un imaginativo escritor de novelas policíacas se le habrían ocurrido las más estrafalarias consecuencias de la teoría. Citemos algunos de los fenómenos predichos por la teoría y verificados experimentalmente.

■ Los relojes marchan más despacio cuando están localizados en campos gravitacionales fuertes. Por esta razón es necesario introducir una corrección cuando se calibran los relojes ultraprecisos para los satélites del sistema global de posicionamiento. Como los relojes se calibran en la tierra firme, donde la gravedad es mayor que en órbita, es indispensable compensar la diferencia. Si el reloj se calibra exactamente en la tierra, va a marchar demasiado rápido en el espacio.

■ Los rayos de luz se doblan en la presencia de campos gravitacionales. Los astrónomos han verificado este fenómeno en numerosas ocasiones. La posición relativa de las estrellas en el firmamento parece cambiar cuando se observan durante un eclipse solar. La razón es que los rayos de luz que llegan a la tierra después de pasar por la vecindad del sol, siguen una trayectoria curva. La gravedad del sol distorsiona la trayectoria de la luz. En tiempos modernos los astrónomos identifican objetos masivos en el espacio y los utilizan para observar galaxias lejanas. Si la luz de dichas galaxias se dobla de cierta manera afortunada, sus rayos de luz se concentran en un punto, exactamente como lo hace el lente de una cámara fotográfica o el cristalino en su ojo. Estos son los llamados lentes gravitacionales.

- La órbita del planeta Mercurio, el más cercano al sol, parece obedecer reglas diferentes a las órbitas de los otros planetas. Este fenómeno sorprendió a los astrónomos de comienzo del siglo XX. Estaban acostumbrados a predecir la posición de los planetas como Júpiter o Marte con gran precisión, pero las mismas técnicas de cálculo fallaban cuando se aplicaban a Mercurio. La teoría de la relatividad predice que Mercurio, debido a su cercanía a un campo gravitacional muy fuerte, es sujeto a un movimiento de precesión. Teniendo en cuenta esta corrección es posible hacer predicciones muy precisas de la órbita de Mercurio.

- Objetos masivos que rotan rápidamente, tales como las estrellas de neutrones, distorsionan no solo el espacio sino también el tiempo.

Esta corta lista debe ser suficiente para convencer al lector de que son verdaderamente extraordinarias las consecuencias de la teoría de la relatividad. Y aún no hemos nombrado una de las mejor conocidas: La existencia de los agujeros negros.

Unos meses después de que Einstein publicara su teoría, el brillante físico Karl Schwarzschild desarrolló soluciones para las ecuaciones de campo de Einstein, describiendo el campo gravitacional de objetos esféricos. Usando esta descripción explícita del campo gravitacional, es fácil ver que pueden ocurrir singularidades en el campo. Es decir, que si una masa es comprimida en una esfera de cierto radio, se crea un hoyo negro, del que nada puede escapar. Este radio se conoce como el *radio de Schwarzschild*. La fuerza de la gravitación es tan grande que ni siquiera la luz puede escapar. Por ejemplo, si un fortísimo gigante tomara entre sus manos al planeta tierra y lo comprimiera tanto que se convirtiera en una esfera de 1.8 cm de diámetro, crearía un hoyo negro. Nada ni nadie podría escapar de esta pequeña pero masiva esfera. El radio de Schwarzschild de la tierra es tan solo 9 mm.

Una característica de los hoyos negros es que no hay manera de examinar, estudiar o establecer contacto alguno con un objeto que haya caído entre sus garras. Este objeto quedará perdido para siempre, nunca jamás podremos saber nada de él. Dante escribió en los dinteles del averno:

»Perded toda esperanza.«

¡Difícil encontrar un epitafio más adecuado para un objeto que haya caído a un agujero negro!

La física de los agujeros negros, y en particular la existencia del radio de Schwartzschild, nos brinda la única pista que tenemos para entender lo que le pasó a fines del año 2014 a la octava parte del producto interno bruto de Moldavia.

Moldavia es un pequeño país localizado entre Rumania y Ucrania. Proclamó su independencia en 1991, cuando colapsó la Unión Soviética. De cierta forma, Moldavia es el país más remoto de Europa: Recibe menos de 20 mil turistas al año [1]. La industia vitícola brinda, quizá, la sorpresa más agradable [2]. El país cuenta con algunos de los mejores vinos de Europa, y hasta ahora está abriendo sus puertas al enoturismo. Cuenta con muchas cepas reconocidas internacionalmente, e incluso hay variedades locales. El 10 % de la producción contiene exclusivamente variedades indígenas. Moldavia tiene la mayor densidad de viñedos del mundo: 3.8 % de su territorio y 7 % de su tierra arable son dedicados a la noble *vitis vinifera* [3].

La población de Moldavia se estima en unos 3 millones de habitantes y su producto interno bruto es alrededor de 8 mil millones de dólares [4]. En noviembre del año 2014, la astronómica suma de mil millones de dólares se desvaneció de las arcas de los tres bancos más

---

[1]Compare con la ciudad de París que recibe más de 30 millones de turistas al año.
[2]http://wineofmoldova.com
[3]En español: uva.
[4]Moldavia es uno de los países más pobres de Europa.

importantes del país. La octava parte de la riqueza nacional se esfumó repentinamente. Este cataclismo económico derrumbó el sistema bancario, afectando gravemente las finanzas de la nación, y por supuesto empobreciendo la ya pobre población de Moldavia.

En el centro del escándalo se sitúa Ilan Shor, un joven negociante de origen israelí de tan sólo 28 años. Shor nació en Tel Aviv en 1987, pero creció en Moldavia. Es dueño de un equipo de fútbol y fue director del Saving Bank of Moldova, uno de los bancos más importantes del país. Shor es uno de los hombres más ricos del país y está casado con una de las cantantes más populares en Moldavia.

Ilan Shor es también el común denominador en una telaraña de compañías e individuos al centro de la multimillonaria pérdida. Estos individuos tomaron control de los tres bancos más importantes de Moldavia, a través de contactos e influencias políticas, y se prestaron a sí mismos la suma de mil millones de dólares, sin necesidad de presentar ningún colateral [5]. Posteriormente transfirieron el dinero a paraísos fiscales. Todo récord de las transacciones fue borrado de los computadores de los bancos. Los pocos documentos físicos que había fueron montados a un camión que

---

[5] En términos financieros, el colateral es un bien o valor que se entrega para respaldar un préstamo. En otras palabras, es un activo que sirve como garantía para asegurar un préstamo. Ni usted ni yo, lector, obtendremos jamás un préstamo bancario por un monto sustancial si no tenemos colateral.

supuestamente fue robado y terminó en llamas. Desde el punto de vista de la desafortunada población de Moldavia, su dinero se perdió en un agujero negro. Parece que no hay posibilidad alguna de encontrarlo, de saber qué le pasó o dónde está. Lo único que atinan a decir las autoridades competentes es: *Ciudadanos de Moldavia, ¡perded toda esperanza!* El banco central de Moldavia se vio obligado a prestarle 870 millones de dólares a los tres bancos irresponsables para salvar el sistema bancario de la catástrofe.

Mi querido lector, Ilan Shor nos muestra otra manera rápida y efectiva de acumular mucho dinero, rápidamente y sin trabajar. Prestándose dinero de otros a sí mismo, y luego enviando todo rastro del dinero, y de la transacción, a un hoyo negro, ha conseguido acumular una fortuna considerable, en poco tiempo, y sin trabajar.

La curiosidad nos empuja a averiguar cuál ha sido la suerte de Shor después de que explotara el escándalo. En mayo del 2015 fue sentenciado a 30 días de arresto domiciliario. Durante ese tiempo se registró como candidato para la alcaldía de la ciudad de Orhei, y en junio ganó las elecciones. El fiscal general de Moldavia declaró que no cree que haya ningún fundamento para acusar a Shor.

71

8 Abu Abd Allah Muhammad Ibn Musa al-Khwarizmi

Sin duda el lector ha reconocido el personaje célebre que motiva el título del presente capítulo. El persa al-Khwarizmi nació a fines del siglo VIII, durante el reinado de Harun al-Rashid, en un oasis situado en el costado sur del mar Aral[1], que en esa época se conocía como lago Khwarizm. Al-Rashid fue el quinto califa de la dinastía de los abasidas. La capital del califato era Bagdad, en ese entonces una ciudad esplendorosa y gran centro cultural. Al-Rashid tuvo dos hijos, al-Amin y al-Mamun. El último sucedió a su padre en el califato. Al-Mamun, siguiendo la tradición de mecenas de su padre, fundó una academia en Bagdad, llamada la Casa de la Sabiduría, y fundó la primera biblioteca de importancia de su tiempo. Al-Khwarizmi trabajó en la Casa de la Sabiduría bajo los auspicios de al-Mamun, donde escribió dos famosos textos, uno de astronomía y otro de matemáticas.

---

[1]Localizado en el país que hoy llamamos Uzbequistán.

Abu Abd Allah Muhammad Ibn Musa
al-Khwarizmi

El tratado de matemáticas de al-Khwarizmi se titula Kitab al jabr wa'l-muqabala. El término al jabr da origen a la palabra álgebra, materia favorita de innumerables escolares. A diferencia de las obras de enseñanza moderna, el objetivo del al jabr era resolver problemas que surgían en la vida diaria de una sociedad avanzada, como era el Islam de esa época. En la introducción, al-Khwarizmi menciona que el propósito de su libro era enseñar

>»lo que es más fácil y útil en aritmética, tal como los hombres constantemente necesitan en casos de herencias, reparticiones, legados, demandas, y comercio, y en todos sus negocios con los otros, o donde la medición de tierras, el cavado de canales, los cálculos geométricos y en lo que se refiere a otros objetos de diferente naturaleza.«

Es mucho lo que los pedagogos modernos podrían aprender de al-Khwarizmi, que convierte en un sujeto vivo y relevante el arcano arte de resolver ecuaciones. En nombre mismo al-Khwarizmi da origen a otra palabra de uso contemporáneo: Algoritmo. Haciendo un paréntesis de carácter anecdótico, el autor recuerda cómo al comienzo de su carrera profesional, cuando familiares y amigos le preguntaban sobre su labor en la industria, la mención de la palabra algoritmo resultaba invariablemente en ceños fruncidos y ademanes de duda. ¡Parecía como si hubiese hablado en árabe! Hoy en día la misma respuesta produce caras de aprobación y todos parecen entender que es algo importante, aunque la palabra aún posea un aire místico.

¿Qué es un algoritmo? De forma sucinta, diríamos que es una receta, un proceso, un método [2] o una lista de pasos a seguir para resolver un problema, que goza de las siguientes propiedades.

1. Un algoritmo termina después de un número finito de pasos.

2. Cada paso está precisamente definido de manera que se puede llevar a cabo rigurosamente y sin ambigüedades.

3. Un algoritmo requiere cero o más valores iniciales.

4. Un algoritmo produce uno o más resultados finales.

5. Un algoritmo es efectivo, en el sentido en que las operaciones que se deben llevar a cabo son lo suficientemente básicas e hipotéticamente se podrían llevar a cabo con papel y lápiz.

La mayor diferencia entre un algoritmo y una receta de cocina reside en los requerimientos de precisión y ausencia de ambigüedad. Por ejemplo, en una receta

---

[2]Se recomienda la lectura de The Art of Computer Programming, 3 ed, de D. Knuth, editado por Addison-Wesley.

de cocina leemos: añada una pizca de sal. Este paso
no es adecuado para un algoritmo, porque no es claro cuanto sea una pizca, y tampoco dónde se deba
añadir. ¿Será un gramo al fondo de la olla, o dos gramos esparcidos por encima? Estas dudas no presentan
ningún problema para un cocinero humano, pero no
son adecuadas para un algoritmo. En el mundo tecnológico en que vivimos los algoritmos son ejecutados
en los microprocesadores que residen en el interior de
innumerables máquinas, tales como robots u ordenadores, aunque ocasionalmente los humanos también
seguimos algoritmos (¡no confundir con recetas!). La
última vez que mi esposa viajó, tuve que seguir rigurosamente una lista de pasos que satisfacían las condiciones 1-5 descritas arriba, y por lo tanto calificaban
como algoritmo: No comer más de una pizza al día,
regar las plantas el sábado vertiendo exactamente 500
ml de agua en cada matera, no dormir más de doce
horas al día ...

Los algoritmos son ubicuos en el mundo contemporáneo. Su teléfono celular contiene docenas de algoritmos ingeniosos. Entre los algoritmos más conocidos y
utilizados en el mundo figura PageRank, creado por
los fundadores del gigante Google. PageRank es el corazón del motor de búsqueda más popular de la red, y
fue el ingrediente esencial que permitió a Google convertirse en la compañía que es hoy en día. Pero como
los fundadores de Google sí tuvieron que trabajar para poder acumular dinero, el estudio de Google y sus

ejecutivos queda fuera del alcance de este libro.

No tan conocido como los fundadores de Google, pero comparablemente rico, es el fundador de Renaissance Technologies, James H. Simons [3]. Lo más probable es que el lector nunca haya oído nombrar ni a Simons, ni a su compañía. Nos vemos forzados a incluir algunas líneas acerca de Simons en este libro, a pesar de que él también tuvo que trabajar para hacer su fortuna. Simons es uno de los pioneros de dos de las innovaciones financieras más significativas de nuestro tiempo: El comercio algorítmico, y la compra-venta con alta frecuencia de papeles financieros. Este último se conoce por sus siglas en inglés: HFT (en inglés: High Frequency Trading), y también es, naturalmente, de naturaleza algorítmica. Las invenciones de Simons y otros han tenido un impacto inmenso en la vida del hombre común, ya que el comercio algorítmico, y en particular la compra-venta con altísima frecuencia, dominan los mercados bursátiles alrededor del mundo. Aún si usted no invierte en la bolsa de valores, los fondos que manejan pensiones públicas o privadas, los estados, las compañías de seguros, los bancos y otras entidades de las que usted depende directa o indirectamente, participan en los mercados bursátiles. La historia de Simons es muy pintoresca y entretenida. Estudió matemáticas, y fue profesor universitario

---

[3]La revista Forbes calcula la fortuna de Simons en 14 mil millones de dólares.

Abu Abd Allah Muhammad Ibn Musa al-Khwarizmi

por unos pocos años. Posteriormente trabajó en criptografía para el departamento de defensa de Estados Unidos. Perdió su trabajo por haber escrito una carta criticando la guerra de Vietnam, y luego haber concedido una entrevista para una revista popular donde reafirmó su oposición a la guerra. Después regresó al mundo universitario, como director del departamento de matemáticas de una universidad en Nueva York. A mediados de la década de 1970 renunció y fundó Renaissance Technologies. En Renaissance no solamente fomentó el uso de computadores, sino que dió un paso fundamental: Resolvió dejar las decisiones de comprar y vender *completamente* en manos de los algoritmos, sin ninguna intervención humana. El éxito de Renaissance es absolutamente fenomenal. Es una máquina de producir utilidades fabulosas, año tras año y sin falta, desde hace más de 35 años. Por supuesto tal éxito no pasó desapercibido, y eventualmente surgieron muchas empresas pretendiendo emular a Renaissance.

Renaissance también figura entre las firmas pioneras en la compra-venta algorítmica de alta frecuencia o HFT. Según la teoría aceptada en los medios financieros, HFT es saludable y deseable porque aporta liquidez a los mercados. El principio es el siguiente. Suponga que la acción de su empresa favorita tiene un valor estable y no hay ninguna noticia que sugiera cambios inminentes en el precio. En el curso de un día, pequeños inversionistas entusiasmados con la empresa quieren comprar acciones, mientras otros que necesitan efectivo quieren vender. Cada uno de estos inversionistas compra y vende decenas, centenas, quizá miles de acciones. Además hay instituciones, como fondos de pensiones, que compran y venden en cantidades enormes, que se cuentan en centenas de miles, quizá millones de acciones. Esta mezcla produce fluctuaciones relativamente duraderas en el valor de la acción. Por ejemplo, si unas pocas instituciones deciden comprar diez millones de acciones, se requieren cien mil inversionistas pequeños, vendiendo 100 acciones cada uno, para poder concluir las transacciones. Mientras dure el proceso de compra, hay exceso de demanda y el precio sube. En teoría, los HFT's descubren estas micro-tendencias y las aprovechan para ganar dinero. Si se sabe que la acción sube, es posible obtener ganancias comprando más rápido que las instituciones y luego vendiéndole a dichas instituciones. Pero al mismo tiempo se disminuye el exceso de demanda, ya que tanto la institución como el HFT quieren comprar, y por lo tanto el precio no sube tanto. Según el dogma oficial divulgado por la prensa y las instituciones financieras, la acción de las empresas de HFT es beneficiosa porque al inyectar liquidez, evitan fluctuaciones en los precios y ayudan a mantener la estabilidad del mercado. En nuestro ejemplo, el precio de la acción durante el intervalo de tiempo que se requiere para concluir la compra de los diez millones de acciones, sube menos cuando hay HFT's involucradas que en el caso contrario. En otras palabras, los HFT ayudan a controlar la oscilación de los precios. De esta forma dichas empresas contribuyen a la estabilidad de los mercados y nos hacen un favor a todos. Esa es la historia oficial. Estas empresas tienen sus instalaciones en lugares estratégicos, para poder obtener información más rápido que los demás. El factor fundamental que limita la velocidad a la que se propaga la información es la velocidad de la luz. Por lo tanto se requieren tiempos de reacción del orden de millonésimas de segundo. Una empresa localizada a 300 metros de la bolsa de valores se entera primero de la oferta y demanda que una empresa localizada a 300 km de distancia, simplemente porque la transmisión de información obedece las leyes de la física. Un mensaje se demora por lo menos un microsegundo viajando 300 metros, mientras que requiere al menos mil microsegundos viajando 300 km. Esa diferencia de tiempo, insignificante para los humanos, es enorme para los algoritmos. El que se entera primero de los hechos le gana siempre al que se entera después. Así, la combinación de localización óptima de los centros de cómputo, junto con algoritmos sofisticados, constituyen una combinación invencible. Pequeños inversionistas como el autor, o grandes inversionistas como el fondo que maneja la pensión del autor, vierten dinero en las arcas de los HFT's con cada transacción. Este desangre financiero resulta en el enriquecimiento fabuloso y rápido de un pequeñísimo grupo de actores.

La teoría de que los HFT's brindan estabilidad a los

mercados es falsificada por los hechos. A continuación citamos un par de incidentes que soportan nuestro argumento.

- El 24 de agosto del 2015, la acción de Apple Computer, la empresa más rentable del planeta, bajó 13 % y luego subió más de 10 % en cuestión de minutos. Cuantificando el valor de las acciones, vemos que el valor de la compañía bajó alrededor de 95 mil millones de dólares en unos minutos. Esto es cerca de tres veces el producto nacional bruto de Bolivia. Evidentemente esto no es estabilidad, sino el opuesto, volatilidad. Además, no se tiene noticia de un solo inversionista pequeño que haya podido comprar y beneficiarse mientras la acción estuvo abajo del promedio. Los algoritmos causaron la baja, y *únicamente* los HFT's se beneficiaron.

- El 6 de mayo del 2010, el índice Dow Jones, que representa las 30 compañías más importantes de Estados Unidos, bajó 600 puntos en unos pocos minutos. La empresa de inversiones Knight Capital culpa del hecho a un algoritmo. El algoritmo ocasionó la pérdida de 400 millones de dólares en menos de una hora, y la desestabilización del mercado.

Estos dos ejemplos dramáticos bastan para refutar la versión difundida por la prensa de que el comercio algorítmico de alta frecuencia estabiliza los mercados y nos beneficia a todos.

Finalmente tenemos todas las piezas necesarias para ensamblar nuestra explicación de cómo acumular mucho dinero rápidamente y, sobra decirlo, sin trabajar. El ejemplo que necesitamos nos lo brinda Pan Capital, una pequeña empresa con menos de 25 empleados, fundada en Estocolmo, la capital Suecia. La empresa no tiene clientes, y es prácticamente desconocida fuera de los círculos financieros. Compra y vende acciones por montos de miles de millones de dólares cada día. Ha sido sumamente rentable, desde su fundación. Su secreto: Computadores ultra-modernos, bien localizados, y un batallón de algoritmos. Sus dueños manejan la empresa a distancia, desde la Florida, en Estados Unidos. De esta forma, querido lector, es posible acumular grandes fortunas, rápidamente y sin trabajar.

9 La Defensa Chewbacca

La Guerra de las Galaxias es una de las creaciones más exitosas del cineasta George Lucas. El primer episodio, estrenado el 25 de mayo de 1977, es una de las películas más vistas de la historia. Ciertos personajes de esta serie, como Darth Vader, han adquirido un gran status en la cultura popular.

Chewbacca, mejor conocido como Chewie, es uno de los personajes en la saga de La Guerra de las Galaxias. Es un wookie, una especie de primate peludo e inteligente del planeta Kashyyyk, que mide 8 pies de altura[1]. Chewie es el copiloto de Han Solo, uno de los protagonistas de la serie. Chewbacca tiene 200 años de edad, y es un guerrero formidable e imponente. Su amistad comienza cuando Han, entonces oficial de la Armada Imperial, se rehúsa a ejecutar a Chewie. Por este hecho Han es expulsado de la Armada y se convierte en contrabandista. Desde ese entonces Han Solo y Chewie son inseparables compañeros. También

---

[1] Alrededor de 2.44 metros.

importantes para nuestra historia son los Ewoks del planeta Endor, una raza de ositos de peluche de tan solo 2 pies de estatura[2].

La defensa Chewbacca se refiere a una estrategia legal para obtener la absolución de un acusado a través de la confusión. La idea es confundir al jurado en lugar de refutar la acusación. El nombre proviene de un episodio del programa satírico de televisión South Park, donde el abogado estrella J. Cochran consigue ganar el caso en favor de su cliente, aunque éste es evidentemente culpable. Logra este triunfo gracias a la defensa Chewbacca. Cochran es famoso por haber conseguido que el jurado exonerara al jugador de fútbol americano O. J. Simpson del asesinato de su esposa, a pesar de tener una montaña de evidencia en su contra.

La siguiente es una traducción libre del episodio de South Park en donde Cochran utiliza la defensa Chewbacca en frente de un jurado. El abogado exhibe tal destreza que gana el caso. He aquí su argumento:

> ».. damas y caballeros de este supuesto jurado, hay una última cosa que quiero que consideren. Señoras y señores, este es Chewbacca. Chewbacca es un wookie del planeta Kashyyyk. Pero Chewbacca vive en el planeta Endor. Ahora, piense en ello; ¡eso no tiene sentido! ¿Por qué un wookie, un wookie de 8 pies de altura, quiere vi-

---

[2] Aproximadamente 62 cm.

84

vir en Endor, con un grupo de Ewoks de 2 pies de altura? ¡Eso no tiene sentido! Pero aún más importante, usted tiene que preguntarse: ¿Qué tiene esto que ver con este caso? Nada. Señoras y señores, ¡no tiene nada que ver con este caso! ¡No tiene sentido! Míreme. Soy un abogado que defiende a una compañía discográfica importante, ¡y estoy hablando de Chewbacca! ¿Tiene sentido? Señoras y señores, ¡yo no estoy haciendo ningún sentido! ¡Nada de esto tiene sentido! Y lo que es importante recordar, cuando estén en la sala del jurado deliberando, y conjugando 'la Proclamación de Emancipación', es ¿tiene sentido? ¡No! Damas y caballeros de este supuesto jurado, ¡no tiene sentido! Si Chewbacca vive en Endor, *¡deben absolver!* La defensa descansa.«

Tristemente, la defensa Chewbacca no es simplemente una sátira o una pieza humorística. No, es verdaderamente una técnica legal exitosa, de la cual existen innumerables variaciones.

Consideremos el caso de Dewey & LeBoeuf, en una corte de Manhattan. Dewey & LeBoeuf era una prestigiosa firma de abogados con sede en Nueva York y con 26 oficinas alrededor del mundo. Según la Comi-

sión del Mercado de Valores [3] los altos ejecutivos de
la compañía facilitaron la emisión fraudulenta de bonos por un valor de 150 millones de dólares. Según
la Comisión, los ejecutivos falsificaron la contabilidad
de la compañía para mostrar una compañía atractiva
y saludable, y así convencer a inversionistas privados
de comprar los bonos. Por supuesto el truco funcio-
nó. La Comisión relata que la cultura de fraude en
la compañía era tal que los ejecutivos se enviaban correos sugiriendo trucos y mentiras para masajear la
contabilidad. En una rara muestra de conciencia, uno
de los ejecutivos escribió un correo a sus socios dicién-
doles que *debían dejar de cocinar los libros contables*.
Hay récord electrónico de cómo falsificaban las cifras
para aumentar sus primas extraordinarias. El siguiente texto es una traducción libre de un intercambio de
correos, de acuerdo con la Comisión:

»Ejecutivo A a ejecutivo B: Se nos
ocurrió una gran idea. Reclasifique-
mos los desembolsos.

Ejecutivo B a ejecutivo A: Siempre
lo haces a última hora. Es por eso
que nos ganaremos la prima extraor-
dinaria del 10 o 20 %. ¡Próximamente
compraremos un chalet de esquí!«

---

[3]En inglés: Securities and Exchange Commission (SEC)

La Comisión describe como a pesar de que la firma estaba en dificultades financieras y luchando para cumplir los compromisos con sus acreedores y empleados, los altos ejecutivos mentían y cometían fraude contable con el propósito de retener sus lucrativos salarios y primas.

En el 2012, las dificultades financieras de la firma se hicieron públicas, y en el mes de mayo se declaró en bancarrota.

Los ejecutivos culpables fueron acusados de numerosos crímenes, y catorce meses después comenzó el juicio, el 26 de mayo del 2015. El lunes 19 de octubre del 2015, la juez encargada del caso declaró el juicio anulado. Los jurados deliberaron durante 22 días, pero no fueron capaces de llegar a ninguna decisión. La cantidad de evidencia y la complejidad de los crímenes fue tal que abrumó completamente a los jurados. Los abogados de los acusados han indicado que van a pedir que el caso sea archivado.

¿Será que los crímenes financieros han llegado a tal nivel de sofisticación y complejidad que escapan al alcance de la ley?

Aquí tiene, estimado lector, otra manera de acumular dinero rápidamente y sin trabajar. Los altos ejecutivos de Dewey & LeBoeuf acumularon fortunas considerables de forma criminal, eso sí, asegurándose de cometer crímenes tan complejos que el jurado abdicó ante la confusión presentada por la defensa Chewbacca. ¡El jurado fue incapaz de encontrarlos culpables de siquiera uno de los más de cien crímenes de los que fueron acusados!

10 Ullamaliztli

En el museo de arte de Dallas encontramos un vaso maya, de forma cilíndrica y con cuatro figuras vistosamente coloridas. Data del siglo VIII de nuestra era, e ilustra un juego de pelota, denominado ullamaliztli en la lengua náhuatl. Los contrincantes son el rey de El Pajaral y Sak Ch'een, rey de Motul de San José. Se cree que el recipiente fue creado por orden del rey de El Pajaral para conmemorar la visita de Sak Ch'een. Uno de los jugadores está elegantemente vestido, usando un pesado yugo, protectores de caderas, y ornamentos plumados. Se especula que este llamativo personaje es Sak Ch'een.

El juego de la pelota se ha practicado en Centroamérica desde hace más de 3500 años. Los jugadores golpeaban una pelota de hule sólido principalmente con las caderas, aunque también se usaban los antebrazos, raquetas e incluso bates. El juego se practicaba en una cancha al interior de una estructura de piedra. Los arqueólogos han identificado los restos de más de 1300 canchas para el juego de pelota en Centroamérica. La más grande, localizada en Cichén Itzá, mide 96.5 metros de largo por 30 metros de ancho. Más que un juego, ullamaliztli era un ritual. Hay relatos de reyes compitiendo por el derecho a gobernar sobre los rivales. El ganador del juego de la pelota asumía el derecho a reinar sobre las tierras de sus competidores. Parece que ullamaliztli era empleado para resolver conflictos políticos y económicos sin necesidad de recurrir a la guerra.

Un aspecto macabro de ullamaliztli es el sacrificio humano. Grabados encontrados en canchas del juego de pelota en El Tajín, Aparicio y en Chichén Itzá, ilustran el sacrificio y la decapitación de los jugadores. El Popol Vuh, la clásica obra épica de la literatura maya, conecta el juego de la pelota con el sacrificio humano. El arte maya contiene numerosas escenas de prisioneros sacrificados después de perder un juego de pelota. La muerte por decapitación aparece frecuentemente en grabados mayas, y en los relatos del Popol Vuh. Incluso se especula que las cabezas y los cráneos eran utilizados como pelotas. Los aztecas colocaban los cráneos de los miembros del equipo perdedor al lado de la cancha y le ofrecían su sangre a los dioses.

Ulama es un juego que hereda y continúa la tradición deportiva del juego de pelota, y se practica en el presente en algunas regiones del estado mexicano de Sinaloa. Las reglas del ulama son parecidas a las del voleibol, excepto que no hay malla, y que la pelota se golpea únicamente con las caderas. La cancha está dividida en dos, y la pelota se pasa de un lado a otro, hasta que un equipo no consigue devolverla, o sale de la cancha. El impacto de la pelota es sumamente fuerte, y parece que poco ha cambiado desde el siglo XVI, cuando el fraile español Diego Durán describió como los jugadores de pelota quedaban con las caderas inflamadas, y se hacían incisiones con cuchillos pequeños para extraer la sangre acumulada.

Lamentablemente el estado de Sinaloa está asociado no solo al ulama sino también al sacrificio humano y a la decapitación, como el ullamaliztli de otrora. El cartel de Sinaloa es la organización de narcotraficantes más poderosa del mundo occidental. Es una agrupación de clanes ligados por nexos familiares y comerciales. Se calcula que los carteles de la droga ocasionaron la muerte de más de 60 mil mexicanos entre 2006 y 2012. El cartel de Sinaloa opera en 17 estados mexicanos, a través de los Estados Unidos, y sus tentáculos se expanden hasta lugares remotos como Australia. La violencia sanguinaria extrema utilizada por los carteles mexicanos, que incluye decapitaciones y desmembramientos, ha sido copiada por las pandillas salvadoreñas. Según la Subprocuraduría de Investigación Especializada en la Delincuencia Organizada (SIEDO) de México, 5323 personas fueron decapitadas o desmembradas entre el 2004 y el 2012. Repetimos: ¡Más de 5000 personas decapitadas! Esta es una cifra verdaderamente espeluznante. De acuerdo con la SIEDO, la pandilla de los Maras mantuvo vínculos con el cartel de Sinaloa, quienes les enseñaron a sembrar terror a través de las decapitaciones y las torturas extremas, para así ganar respeto y mantener el liderato criminal de la organización. Este es el momento adecuado para hacer un paréntesis e introducir al verdadero protagonista de este capítulo. No se trata de una persona sino de una institución. Su nombre es HSBC y es una de las entidades bancarias y financieras más grandes del mundo. Se estima que es el cuarto banco más grande del mundo, teniendo en cuenta sus activos estimados en 2.67 trillones de dólares. Tiene más de 6000 oficinas en 80 países de África, Asia, Europa, Oceanía y las Américas. En el 2012 era la quinta sociedad anónima más grande del mundo, y tenía 60 millones de clientes, entre los que alguna vez se contó el autor. En su página en la red [1], HSBC lista sus valores, que traducimos a continuación.

>»HSBC, fiables y haciendo lo correcto. En HSBC ponemos gran énfasis en nuestros valores. Queremos asegurarnos que nuestros empleados se sientan capaces de hacer lo correcto y actuar con integridad. De esta manera vamos a satisfacer las expectativas de la sociedad, clientes, reguladores e inversionistas. Nuestros valores describen el carácter de HSBC y reflejan los mejores

[1] http://www.hsbc.com/citizenship/our-values

aspectos de nuestro patrimonio. Ellos definen quiénes somos como organización y lo que nos hace únicos. Al operar de acuerdo con nuestros valores nos encontramos:

Dignos de confianza.

De pie firme por lo que es correcto, cumpliendo compromisos, siendo resistentes y confiables.

Tomando la responsabilidad personal, siendo decisivos, con criterio y sentido común.

Abiertos a diferentes ideas y culturas.

Comunicándonos abierta, honesta y transparentemente, dando la bienvenida al reto, aprendiendo de nuestros errores.

Escuchando, tratando a las personas de manera justa, siendo inclusivos, valorando diferentes perspectivas.

Conectados con los clientes, las comunidades, y los reguladores.

Construyendo conexiones, siendo conscientes de los problemas externos, colaborando a través de fronteras.

Preocupándonos por las personas y su progreso, mostrando respeto, siendo solidarios y sensibles.

Para asegurarnos de que todos los que
trabajan para HSBC viven por estos valores, los hemos hecho una parte clave de la
revisión anual de desempeño de cada empleado.«

A continuación conectamos las decapitaciones y el cartel de Sinaloa con HSBC. En el 2012 HSBC fue acusado de negligencia al monitorear más de 670 mil millones de dólares en transferencias, y más de 9 mil
millones de dólares en compras desde las sucursales
de HSBC en México. Repito, $670000000000 dólares,
una suma superior al producto interno bruto de Bélgica. Esto es, permitieron el lavado de dólares a un
nivel nunca antes visto. El fiscal declaró que HSBC
permitió al cartel de Sinaloa mover más de 881 millones de dólares a través de las sucursales de HSBC en
Estados Unidos. Al mismo tiempo, el banco redujo el
presupuesto interno para sus unidades dedicadas a la
prevención del lavado de dinero, con la excusa de re-
ducir costos e incrementar utilidades. El asistente del
fiscal general de Estados Unidos, Lanny Breuer, ad-
mitió que los narcotraficantes depositaban cientos de
miles de dólares en efectivo en las sucursales de HSBC
en México usando cajas específicamente diseñadas para pasar exactamente a través de las ventanillas de los
cajeros. Breuer firmó un acuerdo con HSBC, donde el
banco aceptaba pagar una multa de 1900 millones de
dólares, el equivalente de cinco semanas de ingresos
para el banco. Además, Breuer anunció que

»Como resultado de la investigación gubernamental, HSBC confiscó las primas y bonos dados a algunos de los ejecutivos encargados de prevenir el lavado de dólares, y de diferir parcialmente el pago de primas y bonos a sus ejecutivos, por un período de 5 años.«

Es decir que los ejecutivos que permitieron que el banco lavara cantidades inimaginables de dinero criminal durante una década fueron castigados con el pago diferido de sus primas extraordinarias. Estamos hablando de lavado de dinero en cantidades que exceden el producto interno bruto de un país desarrollado como Bélgica, y proveniente de los narcotraficantes más salvajes y peligrosos del mundo, culpables de más de sesenta mil muertos y cinco mil decapitaciones. Observe, querido lector, que el fiscal escogió no acusar al banco de los numerosos crímenes. No fue por falta de pruebas. En las palabras de Breuer,

»La decisión de no acusar HSBC fue una decisión del Departamento de Justicia y fue influenciado por factores como el impacto de la investigación en los empleados de la compañía y el potencial efecto económico.«

De esta forma, querido lector, los ejecutivos de HSBC acumularon enormes fortunas, rápidamente y sin trabajar. El autor confiesa que le produjeron náuseas enterarse de las acciones de los más altos ejecutivos de HSBC y compararlas con los valores de la compañía. Imagínese que un ladrón roba collares y anillos de una joyería, por un valor de 10 millones, pero es capturado por la policía. ¿Qué sería de la justicia si únicamente se le impone una multa de un millón y luego se le deja libre? Pues eso fue exactamente lo que pasó en el caso de HSBC. Y así los ejecutivos de HSBC se quedaron con el botín, un botín ensangrentado y que costó la vida a decenas de miles de mexicanos.

El lector curioso se preguntará ¿cuál fue la suerte de los banqueros culpables? Paul Thurston, el hombre a cargo de HSBC en México durante parte del período 2006-2012, fue ascendido y se volvió jefe de una unidad global de HSBC, con un salario multimillonario. El máximo ejecutivo del banco durante el período en que HSBC estuvo al servicio del cartel de Sinaloa se llama Stephen Green. Además del escándalo de lavado de dinero para los carteles mexicanos, fue el centro de un escándalo en la cede suiza de HSBC, y acusado de ayudar clientes pudientes a evadir impuestos. El señor Green es un lord inglés, un sacerdote ordenado de la iglesia de Inglaterra y era reconocido por promover el comportamiento ético. Es autor del libro *Reflexiones sobre el Dinero y la Moralidad en un Mundo Incierto* . Aunque suene increíble, Green fue nombrado ministro de comercio del gobierno británico por el primer ministro David Cameron en el 2013. ¿Quién dijo que el crimen no paga?

Mientras tanto, la cuenta de víctimas mexicanas del narcotráfico ya ha sobrepasado cien mil, y los desaparecidos son más de veinte mil.

11 ¿Cara o sello?

Imagine, querido lector, la siguiente escena. Los hechos transcurren en el patio de una escuela. Los protagonistas son dos niños, que parecen estar jugando. El primero es Jhon Dayer, el rey del matoneo en la escuela. El interlocutor de Jhon Dayer podría ser cualquiera de los otros niños de su clase: Leuris, Idalys, Mijain, Roniel, Robeisy, Asley, Yasnier, Robelis, Livan, Yarisley, Briseida, Aremi o Alfredo [1]. Para ser concretos, supongamos que es Yarisley, una niña mucho más pequeña y frágil que el fornido Jhon Dayer. Hay una multitud de niños corriendo y jugando. En medio del alboroto escuchamos el siguiente diálogo.

- Jhon Dayer: Hagamos una apuesta. El que gane se queda con la mesada del otro.

- Yarisley: ¡Pero yo no quiero apostar! Yo necesito mi mesada, si la pierdo no podré pagar el bus para venir a la escuela, y mi mamá no tiene más

---

[1] Los nombres han sido escogidos en honor a atletas latinoamericanos que han ganado una medalla en los juegos olímpicos.

dinero.

- Jhon Dayer: Si no apuestas te vas a arrepentir. Te voy a golpear.
- Yarisley: Está bien. ¿En qué consiste la apuesta?

Jhon Dayer saca una moneda de su bolsillo y se la pone agresivamente en la nariz a Yarisley.

- Jhon Dayer: ¿Ves esta moneda?
- Yarisley: Sí, sí, sí la veo.
- Jhon Dayer: Bueno, pues vamos a jugar cara o sello. Voy a tirar la moneda al aire, y cuando caiga al piso la examinamos. ¿Entiendes?
- Yarisley: Sí, comprendo.
- Jhon Dayer: Bueno. Si cae sello gano yo, y si cae cara pierdes tú. ¿Está claro?

Yarisley suspira resignada. Jhon Dayer tira la moneda, y naturalmente gana. Yarisley le entrega su dinero a Jhon Dayer, quien se aleja sonriente. Fin de la escena.

La escena se repite al día siguiente, pero esta vez es Robeisy la víctima. Esta escena es una caricatura de hechos que ocurren a diario, aún más, que están ocurriendo en este preciso momento. Y tanto el autor como el lector participan. En efecto, en este momento usted y yo estamos jugando el papel de Yarisley o de Robeisy. La diferencia entre la caricatura y la vida real, es que en la caricatura la moneda estaba bien balanceada, mientras que en la realidad está cargada. En la escena anterior había igual probabilidad de obtener cara o sello. En la vida real la moneda de Jhon Dayer está cargada a su favor. Hay 99 % de probabilidad de que salga sello. Solamente hay 1 % de probabilidad de que salga cara, pero aún si esto sucediera, perderíamos.

Jhon Dayer es el arquetipo de la persona o empresa que acumula mucho dinero, rápidamente y sin trabajar. Yarisley, Robeisy, Leuris, Mijain y los demás personajes, representan a los hombres y mujeres comunes, que trabajamos y aportamos un grano de arena para el beneficio de la sociedad.

El juego de cara o sello es una alegoría para la importante noción de la repartición del riesgo. El riesgo es una cosa intangible y difícil de comprender. En muy pocas ocasiones lo sentimos, pero la verdad es que estamos constantemente en riesgo. Tal vez el lector haya sentido el riesgo en un incidente automovilístico, en la montaña rusa en un parque de diversiones, o practicando algún deporte extremo. Es muy difícil estar consciente de que el riesgo lo penetra todo. La vida y en particular la actividad económica, están impregnadas de riesgo. Hay riesgo de que se incendie su casa, riesgo de que su empresa se quiebre y se quede sin trabajo, riesgo de que haya un motín en la ciudad, riesgo de que ocurra un sismo de alta intensidad, riesgo de que la comida contenga elementos tóxicos, riesgo de que estalle un conflicto armado con el país vecino, riesgo de que un meteoro haga impacto con su ciudad. Hay riesgo de que los vendedores le incumplan a los compradores, y viceversa, hay riesgo de que el constructor no termine a tiempo un edificio. En resumen, el riesgo impregna todas las actividades económicas.

Las aseguradoras y los seguros son una gran invención de la humanidad. Son un mecanismo para repartir el riesgo. Por ejemplo, el riesgo de que su casa se incendie es muy pequeño. Sin embargo cada año se incendian algunas casas en su ciudad. Pocos individuos tendrían reservas suficientes para reconstruir su casa, en caso de un siniestro. Pero si todos los dueños de casas en la ciudad o el país, o el continente se aseguran, efectivamente se reparte el riesgo entre muchos, y por un precio módico es posible cubrirnos y asegurarnos de que en caso de mala suerte no saldremos muy perjudicados. El autor tiene seguros que cubren su vivienda, su empleo, su automóvil y su salud. De esta manera comparte muchos riesgos con sus vecinos y conciudadanos y contribuye a que la sociedad sea más robusta.

Asumir un riesgo tiene un costo. A diferencia de los insumos agrícolas, la maquinaria, oficinas u otros bienes y servicios, su costo no es evidente. Sin embargo ese costo es tan real como el costo del petróleo. En un ambiente de negocios justo, el riesgo debe ser compartido entre todos los actores. Cuando un actor consigue descargar todo su riesgo en los demás, asume el papel de Jhon Dayer, y evidentemente podrá acumular una fortuna rápidamente y sin trabajar.

A continuación explicamos un popular truco para descargar el riesgo en terceras personas. Es relativamente sencillo, aunque su aplicación varía dependiendo del país o región. El primer ingrediente es escoger actividades comerciales en áreas que se consideren vitales para el país. Eso sí, deben ser llevadas a cabo en gran escala, pues con frecuencia habrá que recurrir a la ofuscación[2]. En un país como Colombia puede tratarse de prestar servicios de salud, en Estados Unidos puede ser la banca. El siguiente paso es involucrarse en negocios de alto riesgo. Cómo bien se sabe, en los negocios y en el azar, las ganancias y el riesgo van mano a mano. Las inversiones más riesgosas son las que prometen mayores ganancias. Si su negocio altamente riesgoso resulta exitoso, pues usted obtendrá jugosas ganancias. Si por lo contrario, produce pérdidas, usted se lava las manos y se rehúsa a asumir los costos y pérdidas. Como su actividad económica es vital para la nación, el estado intervendrá y saneará las finanzas de su compañía.

---

[2]Se recomienda leer el capítulo 9 acerca de la defensa Chewbacca.

A continuación citamos un par de ejemplos concretos. La primera historia se refiere a la crisis financiera del 2007. En ese entonces varias de las instituciones financieras mundiales de mayor envergadura se vieron en serios aprietos. La razón fue que hicieron muchos préstamos irresponsables, con el objeto de conseguir clientes y aumentar la rentabilidad. El riesgo estaba en que muchos de los clientes eran de escasos recursos económicos y con dudoso historial de crédito. Sin embargo muchos bancos procedieron irresponsablemente a hacer préstamos conscientes del enorme riesgo de que los clientes no respondieran. Después le vendieron parte de estas deudas e hipotecas a otras instituciones financieras y a diversos inversionistas. Evidentemente el riesgo era muy real y finalmente estalló una crisis cuando los deudores fueron incapaces de pagarle a los acreedores. Pero como de acuerdo con el gobierno Estadounidense los bancos son vitales para la economía, el estado intervino. A principios del año 2008, el secretario del tesoro de Estados Unidos, Henry Paulson, encargó a sus subalternos la tarea de redactar un plan para re-capitalizar el sistema financiero Estadounidense en caso de colapso total. Este plan es conocido por sus siglas en inglés: TARP, o Troubled Assests Relief Plan[3]. El presidente George W. Bush firmó el proyecto de ley el 3 de Octubre del 2008, asignando 700 mil millones de dólares para el programa. Este dinero fue usado para pagar las deudas a los acreedores

---

[3]En español: Plan de alivio a los activos en problemas.

y sanear los bancos. Ninguno de los altos directivos bancarios responsables de la hecatombe tuvo que responder o enfrentar las consecuencias. Ninguno perdió el puesto o fue acusado de fraude o negligencia. ¡De hecho sus millonarias primas y bonos fueron pagadas con dinero del programa TARP! El lector encontrará escalofriante la semejanza entre estos banqueros y nuestro ficticio personaje Jhon Dayer. Y cuando decimos que el estado intervino, significa por supuesto que los contribuyentes estadounidenses intervinieron. Ellos asumen *todo*[4] el riesgo en el que incurren los bancos, pero no tienen ninguna posibilidad de acceder a siquiera una parte de las enormes ganancias de dichos bancos. Así, instituciones bancarias inescrupulosas pueden acumular vastas fortunas, rápidamente y sin trabajar. Un banco normal dedica considerables recursos para asegurarse que sus clientes son idóneos y que los préstamos tienen respaldo. Un banco inescrupuloso no tiene que trabajar, le puede prestar dinero a cualquiera, usando tasas de interés exorbitantes, ya que el riesgo lo asumen terceros.

El segundo ejemplo es tan escalofriante como el anterior. Ocurrió en Colombia, y se trata de una Entidad Promotora de Salud (EPS) llamada SaludCoop. El protagonista es Carlos Gustavo Palacino, un actuario de seguros. Los actuarios son especialistas en calcu-

---

[4]Estamos simplificando. El sistema financiero global basado en el dólar hace que todo el mundo, literalmente, asuma los costos.

lar riesgos y hacer proyecciones financieras. Es decir, Palacino es un profesional que entiende el valor del riesgo. Al final del 2006 los activos de CoopSalud eran de 362 mil millones de pesos. Siendo una cooperativa, se suponía que esos activos provenían de la inversión de sus utilidades[5]. En el 2009 la Superintendencia de Salud de Colombia descubrió que SaludCoop había destinado 318 mil millones de pesos del presupuesto de salud para adquirir clínicas, lavanderías, hoteles y otros bienes, en lugar de dedicar ese dinero para su propósito, que es cubrir los costos de la atención médica de los enfermos. Además, SaludCoop le debía 308 mil millones de pesos a bancos y acreedores. Se dice que Palacino aportó dinero a diversas campañas políticas, y así compró la amistad de decenas de parlamentarios, e incluso era cercano a familias presidenciales. Finalmente, las inversiones riesgosas de Palacino lo alcanzaron y el castillo de naipes que era SaludCoop se derrumbó. Palacino y sus secuaces acumularon fortunas extraordinarias, rápidamente y sin trabajar. El estado colombiano intervino a SaludCoop, considerando que la salud es esencial, y saneó financieramente a la empresa. Hoy en día Carlos Gustavo Palacino vive en los Estados Unidos. Así fue como Palacino interpretó a la perfección el papel de Jhon Dayer, mientras que los contribuyentes colombianos jugaron el papel de Yarisley.

---

[5] En Colombia las cooperativas no pueden repartir dividendos o utilidades.

Estimado lector, este capítulo le ha mostrado otro método certero de acumular dinero, rápidamente y sin trabajar. Mire con atención a su alrededor, y vera que en su país también hay individuos o entidades siguiendo el modelo de Jhon Dayer. Y sin duda, se hacen fabulosamente ricos, rápidamente y sin trabajar.

12 El Legado de Gutenberg

El mundo occidental tiene una deuda de gratitud con Johannes Gutenberg. Nacido en 1398, Gutenberg [1] fue un herrero, joyero, impresor y editor, y es justamente famoso por haber inventado la imprenta moderna. La gran innovación de Gutenberg fue crear una matriz en donde se podía ensamblar una página partiendo de las letras individuales, signos de puntuación, ligaduras y abreviaciones. Las piezas individuales se fabricaban en bloques metálicos, y en cantidades suficientes. Sus numerosas invenciones incluyen la tinta a base de aceite para imprimir libros, y diversas mejoras para la imprenta. Con la invención de la imprenta de Gutenberg nace la era de las comunicaciones en masa. Es difícil exagerar el impacto y la importancia de este hecho. Permitió la circulación rápida de ideas a través de fronteras, facilitó el fin del monopolio de la educación y el conocimiento, hasta entonces en poder de la iglesia y las élites, y aceleró el florecimiento de las

---

[1] https://en.wikipedia.org/wiki/Johannes_Gutenberg

lenguas locales, en detrimento del latín.
Gutenberg publicó su primera biblia en 1455, un texto elegante y hermoso, con 42 renglones por página. Sobreviven 48 copias de esta joya de la cultura universal. El lector afortunado podrá admirar uno de estos incunables en el museo británico. Se reporta que uno de estos libros costaba el equivalente de tres años de trabajo de un empleado de oficina. Evidentemente costoso, pero un gran avance con respecto a una biblia escrita a mano por un amanuense, y que requería hasta un año para producir una sola copia. El precio de uno de estos ejemplares de la biblia no se podía medir en años de trabajo de un oficinista.

Por azares de la vida, Gutenberg nunca tuvo éxito en los negocios, y aunque obtuvo reconocimientos menores, murió relativamente desconocido en 1468. Fue enterrado en la iglesia franciscana de Maguncia, en Alemania. Ni la iglesia ni el cementerio han sobrevivido los azotes del tiempo, y la tumba de Gutenberg ha sido perdida para siempre. Afortunadamente la tecnología de Gutenberg se propagó rápidamente, y nuevos libros comenzaron a aparecer y a difundirse con gran rapidez.

Los libros impresos dieron vigor al renacimiento, y fueron decisivos para el florecimiento de la revolución científica. Naturalmente la imprenta jugó un papel primordial en el ascenso del alfabetismo, y esto a su vez incrementó su influencia. Por ejemplo la reforma luterana de la iglesia dependió en gran medida de panfletos escritos, y por supuesto de la capacidad de leer de un sector importante de la población. El autor considera a Gutenberg como uno de los inventores más influyentes de la historia. Parafraseando al inimitable escritor argentino Jorge Luis Borges,

>»Hay quienes no pueden imaginar un mundo sin pájaros; hay quienes no pueden imaginar un mundo sin agua; en lo que a mí se refiere, soy incapaz de imaginar un mundo sin libros.«

Los reformadores de la iglesia, acaudillados por el visionario Martín Lutero, utilizaron sagazmente la imprenta. Lutero ordenó imprimir grandes hojas de papel describiendo su posición religiosa en contra de la iglesia católica. Estas hojas y folletos fueron la semilla que dio nacimiento a la prensa moderna.

No obstante el papel fundamental de los periódicos, desafortunadamente no todo lo que está impreso es cierto, relevante o útil. La tecnología per se carece de ética, y los medios de comunicación en masa pueden ser abusados por individuos funestos y siniestros que desean enriquecerse rápidamente y sin trabajar.

Este es el momento indicado para introducir a un oscuro y peligroso individuo llamado Don Lapre. Lapre es el autor de un libro titulado *periódicos, periódicos, periódicos (cómo alcanzar millones de personas cada semana)*, publicado en 1995, antes de la popularización de la red y los medios electrónicos de comunicación.

Lapre afirmaba que obtenía ganancias superiores a los 50 mil dólares a la semana poniendo anuncios en los periódicos. Y por supuesto le vendía su secreto a quién estuviese dispuesto a pagar, o a comprar sus libros. El secreto no era otro que repetir su engaño, es decir, publicar anuncios en la prensa vendiéndole a los incautos el secreto para hacer dinero publicando anuncios en la prensa vendiéndole a los incautos el secreto para hacer dinero publicando anuncios en la prensa. ¡Esperamos que el lector haya comprendido la idea!

De esta manera, querido lector, Lapre se hizo rico, rápidamente y sin trabajar.

En 1992, Lapre se hizo conocer de grandes audiencias a través de su programa de televisión "El show de hacer dinero con Don Lapre". Todos los episodios del show se centraban alrededor de un mismo tema: Los televidentes podrían hacerse ricos tan fácil como Lapre, si compraban sus libros y películas. Las pobres almas que caían en la tentación recibían una lluvia de propaganda vendiéndoles servicios de adivinos, psíquicos, líneas telefónicas de citas, y muchos clientes se quejaban de que ni siquiera recibían el material que habían ordenado. Más tarde, Lapre se asoció con Doug Grant, quien anteriormente había organizado una pirámide siguiendo el principio de marketing directo [2].

---

[2]En el capítulo 4 figura la descripción de esta estrategia para

En el 2003, Lapre y Grant lanzaron la "mejor vitamina del mundo". Se suponía que dicha poción milagrosa contenía una mezcla con los ingredientes más beneficiosos para el cuerpo humano, y había sido aprobada por una prestigiosa publicación médica. Naturalmente todos los supuestos beneficios resultaron siendo exagerados o falsos. Se calcula que Lapre recibió más de 51 millones de dólares de más de 226 mil clientes, entre el 2004 y el 2007. En el 2011 Lapre fue acusado de 41 cargos de fraude y lavado de dinero. Lapre fue arrestado y falleció en custodia, mientras esperaba su juicio. La autopsia reveló que Lapre se cortó la garganta con una cuchilla de afeitar y murió debido a la pérdida de sangre.

Desgraciadamente el legado de Lapre continúa propagándose como fuego en un bosque seco, revitalizado por las comunicaciones electrónicas y los medios sociales. La evidencia anecdótica sugiere que la técnica popularizada en "periódicos, periódicos, periódicos" sigue surtiendo efecto. Poco antes de escribir estas palabras, mientras escribía un correo electrónico y ojeaba la prensa, el autor fue bombardeado por la siguiente publicidad:

- Aprenda cómo esta madre soltera en [mi ciudad] gana [muchos] millones a la semana.
- Cómo volverse rico de la noche a la mañana en [mi ciudad].

acumular dinero, rápidamente y sin trabajar.

- Millonarios pagan por prohibir este vídeo. Haga click aquí.

- Desempleado de [mi ciudad] comparte su secreto para volverse millonario desde la comodidad de su casa.

- Cómo comenzar un lucrativo negocio, ¡antes de que sea demasiado tarde!

- ¡Hágase rico más rápido de lo que cree! Mucha gente en [su ciudad] gana más $500 a la semana siguiendo este método único.

Y así, estimado lector, individuos como Lapre prostituyen el legado de Gutenberg con el objetivo de acumular mucho dinero, rápidamente y sin trabajar.

13 La Nomenklatura

Paseando por la acera a lo largo de Mühlenstrasse en Berlín, la capital de Alemania, encontramos un grafiti mofándose de Leonid Brezhnev y Erich Honecker. Es una fiel copia de una famosa fotografía tomada durante una visita del líder de la Unión Soviética a Alemania Oriental en 1979. Aparecen los dos líderes, Brezhnev y Honecker, ya entrados en años, abrazándose y sellando su amistad con un grotesco beso en la boca. Verdaderamente grotesco, y de alguna forma hilarante. Ese mural produce el mismo efecto que un trago de tequila con sal y limón. Fuerte, abrasivo, ácido, pero de alguna manera simpático. Este par de personajes fueron en su tiempo los máximos exponentes de la llamada nomenklatura.

En los viejos tiempos, cuando la Unión Soviética existía y los países de Europa oriental eran comunistas, la llamada nomenklatura era la casta de funcionarios y políticos que tenía puestos clave en el gobierno, la industria y todos los círculos de importancia económica o política. Constituían una élite en una sociedad supuestamente igualitaria, y su influencia les brindaba el control efectivo de la sociedad. La Unión Soviética se disolvió, la cortina de hierro se oxidó y desintegró, pero la nomenklatura sobrevivió. Esa élite de personas bien conectadas y privilegiadas sobrevivió al cataclismo político que fue el fin de la era comunista. En este capítulo estudiamos cómo la nomenklatura acumuló enormes, vastas fortunas, rápidamente y sin trabajar.

Poco después de la caída de la Unión Soviética el presidente ruso Boris Yeltsin inició un vasto programa de privatizaciones. El gobierno ruso inició un programa de subastas llamado "préstamos por acciones", manejado por bancos privados. En particular, se subastó el control de los recursos naturales, incluyendo minerales e hidrocarburos, que constituían una de las mayores fuentes de riqueza de Rusia. El proceso de subasta fue completamente arreglado, y en prácticamente todos los casos, los mismos banqueros que organizaban la subasta y cuyo papel debía limitarse al de intermediarios, resultaban adquiriendo los bienes. De esta forma Boris Berezovsky adquirió la compañía de hidrocarburos Sibneft, con un valor comercial de unos 3 mil millones de dólares, por la insignificante suma de 100 millones de dólares. Mikhail Khodorkovsky hizo un negocio todavía mejor al comprar 78 % de las acciones de la empresa petrolera Yukos, con un valor comercial de alrededor de 5 mil millones de dólares, por la irrisoria suma de 310 millones de dólares. Khodorkovsky obtuvo una ganancia instantánea del 1600 %, acumulando la astronómica suma de 4700 millones de dólares, literalmente de la noche a la mañana. Estimado lector, Berezovsky y Khodorkovsky son unos verdaderos virtuosos en el arte de acumular mucho dinero rápidamente y sin trabajar. En las palabras de un especialista en Rusia [1], estos oligarcas rusos "no añadieron nada a lo que ya era algo". El éxito de estos apparatchiks dependió exclusivamente de tener conexiones con diversos oficiales del gobierno y en el sector bancario. Dados los laxos controles estatales, estos nuevos ricos no pagaban prácticamente impuestos. El alcalde de la ciudad de Nefteyugansk, donde Yukos tenía un centro mayor de explotación, fue asesinado después de criticar a Yukos por no pagar impuestos. Dos altos ejecutivos de la firma fueron acusados del asesinato.

La existencia de la nomenklatura no se limita a los países comunistas o antiguamente comunistas. No, esta casta se encuentra activa y gozando de sus privilegios en diversos países alrededor de nuestro pequeño planeta, e independientemente de la orientación política de los respectivos gobiernos. Tomemos como ejemplo a Colombia. En este caso el miembro de la nomenklatura local se llama Fernando Londoño Hoyos, un eminente abogado y un verdadero Khodorkovsky criollo. La historia es la siguiente. La presa es Invercolsa (no hay error aquí, se trata de una *presa* más que de una

---

[1] I. Goldman,
http://www.cfr.org/world/putin-oligarchs/p7517

empresa), o Inversiones de Gases de Colombia, una
compañía de distribución de gas natural. A comienzo
de la década de 1990, la compañía Colombiana de Pe-
tróleos (Ecopetrol), decidió reorganizar diversas inversiones realizadas en compañías de distribución de gas,
agrupándolas en Invercolsa. Para ese fin, solicitaron
asesoría a la prestigiosa firma de abogados Fernando Londoño Asociados. Londoño Hoyos actuó como
representante legal de Invercolsa entre 1990 y 1995.
Es importante resaltar que no trabajó como empleado
sino como consultor, ya que tenía un "contrato comercial con mandato de representación". En el año 1997
Ecopetrol decidió vender el 52 % de las acciones que
poseía en Invercolsa. De acuerdo con la ley colombiana, Ecopetrol estaba en la obligación de ofrecer en
primera instancia las acciones a los trabajadores y ex-
trabajadores, y además en condiciones preferenciales.
Después de concluir esta primera fase de ventas, podía
poner las acciones restantes al mercado. El día en que
se ofrecieron las acciones a los trabajadores, Londoño
Hoyos adquirió el 20 % de las acciones, por un monto de 9 mil millones de pesos colombianos. Londoño
Hoyos obtuvo la mayor parte de ese dinero por medio
de un crédito otorgado por el Banco del Pacífico de
Panamá, de cuya junta directiva era presidente. Poco
tiempo después de la compra, Londoño Hoyos demandó a Invercolsa ante un tribunal laboral. La demanda
reclamaba el pago de cesantías, vacaciones y prestaciones debidas a un empleado. Si el tribunal fallaba a

su favor, lo avalaría como ex-trabajador de la empresa. Es un tanto irónico que Londoño Hoyos haya demandado a Invercolsa por comportamiento ilegal durante el período en el cual él mismo era el representante legal de la compañía, y en sus propias palabras, actuaba en la práctica como presidente de la misma. Es decir, Fernando Londoño Hoyos demandó a Invercolsa alegando que Fernando Londoño Hoyos había incumplido la ley al no pagarle prestaciones a Fernando Londoño Hoyos, y aduciendo que era ilegal el contrato que el representante legal Fernando Londoño Hoyos le hizo firmar al prestigioso abogado Fernando Londoño Hoyos. Queridos lectores, Londoño Hoyos *inventó el ataque Chewbacca*[2]. Los neo-liberales insisten en la importancia de brindar flexibilidad a las empresas en su manejo de la fuerza laboral. Una de las razones que invocan para sub-contratar, hacer "outsourcing", y contratar consultores es justamente evitar todos los gastos relacionados con un empleado, incluyendo aportes a la salud, a la pensión, vacaciones, incentivos, bonos y otros gastos. Es curioso que el ex-ministro de justicia Londoño Hoyos, un furibundo exponente del neo-liberalismo económico, no comprenda que un consultor no tiene los mismos derechos y privilegios que tiene un empleado. En un largo debate ante el Senado de la República de Colombia, el entonces ministro Londoño Hoyos explicó con claridad y en detalle su dedicación a Invercolsa, y como su labor fue fundamental para hacer

---

[2]Ver la defensa Chewbacca en el capítulo 9.

119

próspera la empresa. Argumentó que no tuvo nunca contrato de trabajo, pero que trabajaba como si fuera empleado. Aquí tenemos un abogado muy prestigioso y ministro de justicia que no entiende que si no tiene contrato de trabajo, y en lugar recibe honorarios, pues simplemente no es un empleado. Era simplemente un consultor. A nadie le cabe duda de que el ex-ministro Londoño Hoyos era un hombre competente y capaz, y con toda seguridad hizo una gran prestación en Invercolsa. Pero eso no cambia el hecho de que él no era empleado de la empresa. Y aquí viene otra incongruencia del ex-ministro. Su argumento ante el senado fue que se *merecía* participar en un plan exclusivo para los empleados porque había trabajado con esmero y efectividad. Esas, querido lector, son las palabras típicas de un comunista. El ex-ministro Londoño Hoyos resultó ser un abogado estrella que no entiende qué es un contrato, y además resultó ser comunista, a pesar de su linaje de político conservador y economista neo-liberal. Concluida la venta, las acciones de Invercolsa se valorizaron enormemente, brindando a Londoño Hoyos enormes utilidades.

En este capítulo hemos visto, amigo lector, como tres miembros privilegiados de la nomenklatura adquirieron a un precio ínfimo, intereses y acciones en la lucrativa y multimillonaria industria de los hidrocarburos. En un abrir y cerrar de ojos se multiplicaron en valor dichas inversiones. Excelente y certera forma de acumular enormes fortunas, rápidamente y sin trabajar.

14 Pierre Menard, Autor del Quijote

Entre los numerosos cuentos e historias que nos legó el excepcional poeta argentino Jorge Luis Borges, figura "Pierre Menard, Autor del Quijote". Apareció publicado en la colección de cuentos "El jardín de senderos que se bifurcan", en 1941. La trama del cuento transcurre alrededor del ficticio escritor Pierre Menard, quien además de diversos poemas y monografías, escribió los capítulos noveno y trigésimo octavo de la primera parte de Don Quijote, y un fragmento del capítulo 22. Observe que utilicé el verbo escribir. No los copió, no los transcribió, realmente los escribió. Menard no pretendía componer otro Quijote, sino *el Quijote*. Se trata de la identificación total entre Pierre Menard y Miguel de Cervantes Saavedra.

Querido lector, tal vez usted esté escandalizado con los llamados "carruseles de contrataciones", o quizá haya escuchado hablar sobre adinerados e inescrupulosos gurús que pretenden haber sido concebidos por una virgen y afirman poder caminar sobre el agua, o tal vez esté indignado por algún otro atroz episodio.

Y sin duda se estará preguntando por qué todavía no he cubierto tal o cual método para acumular dinero rápidamente y sin trabajar. Pues bien, hay dos razones. La primera, es que no deseo volverme repetitivo e innecesariamente verboso. Los capítulos 1 a 13 brindan suficientes ejemplos y evidencia para dar una respuesta definitiva a la pregunta fundamental expuesta en el prólogo, la pregunta que dio origen a este libro: ¿Cómo volverse rico, rápidamente y sin trabajar? La segunda razón, es que no deseo privarlo del placer de identificar por sí mismo, describir, analizar y discutir, por lo menos un método adicional para acumular dinero rápidamente y sin trabajar. Este es su capítulo, los siguientes renglones en blanco están destinados para usted. Estimado lector, escriba usted el capítulo que yo hubiera escrito. ¡Lo invito a que se convierta en *mi* Pierre Menard!

_____

_____

_____

_____

_____

_____

_____

_____

_____

_____

Epílogo

El Mahabharata, la gran épica hindú, relata la historia de la pugna por el poder entre los Kuru y los Pandava, dos facciones pertenecientes a una dinastía reinante en una tierra fértil y opulenta, situada en la confluencia de los ríos Ganges y Yamuna. Esta obra encarna la esencia de la cultura hindú. Contiene numerosas historias que proporcionan un contexto social y moral a la batalla. El capítulo 13, Anusasana Parva, sección 113, enuncia la llamada regla de oro, o principio de reciprocidad, a través de la via negativa. El principio es bien conocido:

> *No hagas a los demás lo que no quieras*
> *que te hagan a ti.*

Las religiones más populares del mundo se adhieren a este principio. Lo encontramos en el cristianismo, islam, hinduismo, budismo, zoroastrismo, y muchas otras religiones. Es un principio arraigado en la herencia cultural de muchas naciones y juega un papel central en la ética. La razón es simple, la ética se trata, fundamentalmente, de la supervivencia de la especie, y el principio de reciprocidad es central para la ética.

Epílogo

En los capítulos precedentes hemos descrito y analizado numerosas estratagemas, trucos y métodos certeros para acumular dinero rápidamente y sin trabajar. Un examen minucioso revela una serie de características comunes. Tal vez la primera que resalta a la vista es que en todos los casos se quiebra la regla de oro. En algunas ocasiones es obvio, en otras es más sutil, todavía en otras es legal, pero al final está siempre presente. Releyendo este libro vemos que alguien termina siempre pisoteado y abusado. En otras palabras, siempre hay victimarios y víctimas. Los victimarios violan el principio de reciprocidad dado que nadie quiere ser víctima.

Una segunda característica es que en ninguno de los casos, incluyendo el expuesto magistralmente en el capítulo 14 por mi Pierre Menard, hay creación alguna de riqueza; no se añade nada a lo que ya está. En el mejor de los casos hay una transferencia de riqueza. En el peor de los casos hay una pérdida casi total de alguna riqueza existente. Observe cómo el enriquecimiento del empresario de Cornhill, o del especulador de Argelia, o de la nomenklatura, o de cualquiera de los otros personajes de este libro, implican el empobrecimiento de otros o incluso la destrucción de riqueza. La forma más vulgar de transferir riqueza es el robo. Hemos visto otras formas mucho más sofisticadas, algunas legales, pero en el fondo no son más que puras y simples transferencias de riqueza. Con frecuencia esta transferencia implica una destrucción de riqueza y un empobrecimiento de la sociedad. Las víctimas sufren, y el sufrimiento es un costo, o bienes y servicios terminan costando mucho más de lo debido, por causa de la ineficiencia, los obstáculos, los costos legales y el tiempo que implica la transferencia. En contraste, hay numerosas actividades económicas que resultan en la creación de riqueza y consecuentemente en el beneficio de la sociedad en general. Cuando usted compra una naranja en el mercado local, se beneficia el agricultor que la cosechó, el transportador que la llevó hasta el punto de venta, el comerciante que se la vendió, y usted mismo al consumir una deliciosa fruta que calma su sed, le da sabor y placer, y le aporta vitaminas y minerales a su cuerpo. A diferencia de la transferencia de riqueza, no hay ni víctimas ni victimarios.

Una tercera característica es que en todos los casos se descargan costos en terceros. En ocasiones los costos se disfrazan y adquieren la forma de riesgo o destrucción ecológica. Como los costos se descargan en terceros, le resulta fácil al victimario incurrir en elevados costos, en detrimento de otros. Un ejemplo prosaico nos lo brinda el ladronzuelo que destruye un cajero automático o una máquina bancaria con un hacha, y se roba un millón de reales. Tal máquina puede costar 50 millones de reales. Al ladrón no le importa porque él ha transferido un millón de la máquina a su bolsillo. Eventualmente el banco le pasará el costo total o parcial de la máquina a los clientes, que somos usted y yo. Vemos que la transferencia de un millón le

125

cuesta a la sociedad 50 millones. Por esta razón, los métodos certeros para acumular dinero rápidamente y sin trabajar no son económicamente viables para una sociedad, aún si son legales.

He aquí, querido lector, el final de nuestro libro. Hemos hecho un recorrido por diversas culturas, épocas y regiones, hemos hablado de matemáticas, ciencia, historia y religión. De Chile a Moldavia, del imperio Romano a los modernos Estados Unidos, de la física al teatro, de los antiguos egipcios a nuestros coetáneos, nuestro recorrido ha sido variado y, espero, esclarecedor. Como senderistas obstinados, ascendemos a la cima de una empinada montaña, sorteando numerosos obstáculos, y como premio por nuestro sudor y esfuerzo encontramos una vista clara y límpida, que nos permite vislumbrar la respuesta a la siguiente pregunta: ¿Cómo volverse rico, rápidamente y sin trabajar? La respuesta es triste, pero no muy difícil: rompiendo la regla de oro, descartando el principio de reciprocidad, descargando costos en terceros, dedicándose a la rapiña, adquiriendo una personalidad esquizofrénica que nos permita convertirnos en psicópatas de tiempo parcial o completo, y así carecer de empatía y poder actuar sin preocuparnos por la suerte de nuestros conciudadanos. Explotando las debilidades, deseos, y avaricia presentes en alguna medida en todos, abusando de nuestra posición, contactos o acceso a información, deformando el futuro, ilusionando y decepcionando a nuestros familiares, amigos, colegas y vecinos, y haciendo del mundo un lugar peor para nosotros, nuestros hijos, y los hijos de nuestros hijos.

www.ingramcontent.com/pod-product-compliance
Lightning Source LLC
Chambersburg PA
CBHW022044190326
41520CB00008B/703